An der Nordseeküste

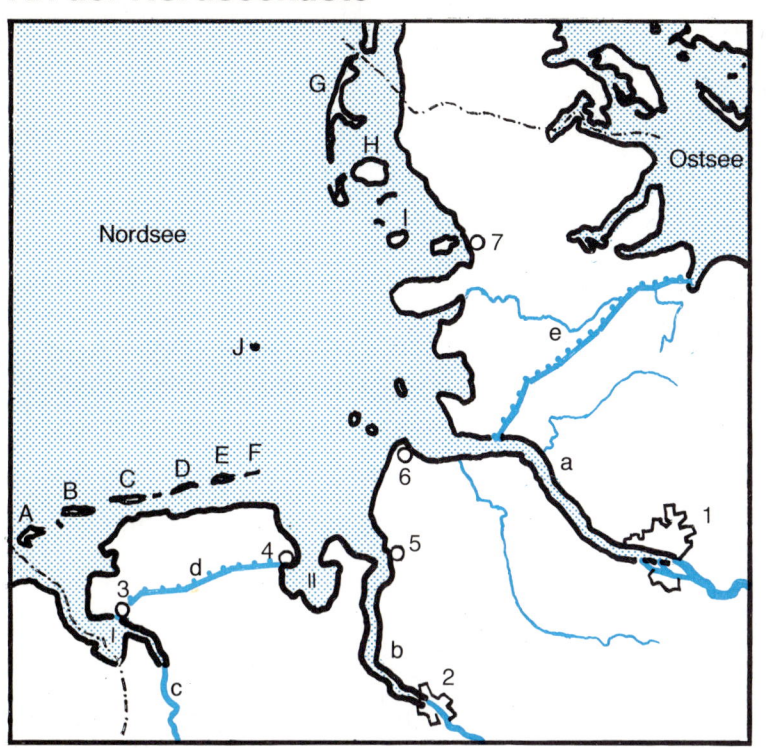

In die Nordsee münden 3 Flüsse:
a)_____ b)_____ c)_____
Das Meer hat 2 tiefe Buchten geschaffen:
I)_____ II)_____
Ein Kanal verbindet beide Buchten:
d)_____
Ein anderer Kanal verbindet Nord- und Ostsee:
e)_____
An Flüssen und Buchten liegen Hafenstädte:
1)_____ 2)_____
3)_____ 4)_____
5)_____
6)_____ 7)_____
Vor der Küste liegen viele Inseln.
Zu den Ostfriesischen Inseln gehören:
A)_____ B)_____
C)_____ D)_____ E)_____ F)_____
Die beiden größten der Nordfriesischen Inseln heißen: G)_____ und H)_____.
Die anderen kleinen Inseln, auf denen nur wenige Menschen wohnen, heißen I)_____.
In der Deutschen Bucht liegt J)_____.

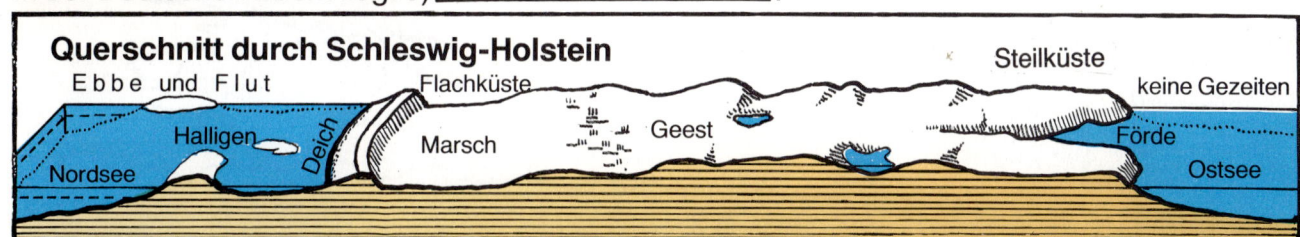

Die Nordsee ist ein Randmeer des Atlantischen Ozeans. An allen Ozeanen und ihren Randmeeren treten die Gezeiten (Ebbe und _____) auf. Die Nordseeküste ist eine _____ _____. Ihr vorgelagert sind die _____ Inseln und die Nordfriesischen Inseln Sylt, Föhr und die _____.

Zwischen den Inseln und der Küste wird bei Ebbe das _____ sichtbar. Geschützt wird die Flachküste durch befestigte Erdwälle, die _____. Landeinwärts erstreckt sich ein fruchtbares Gebiet, die _____. Es folgt die _____, ein Gebiet mit sandigen Böden und Mooren.

● Nimm den Atlas zu Hilfe und fülle die Textlücken richtig aus!

Ebbe und Flut an der Nordsee

Das Meer ist dauernd in B_____
Diese Bewegung heißt Ebbe und F_____.
Bei hohem W_____ ist Flut. Den
tiefen Wasserstand nennt man E_____. Bei Ebbe
ist der flache Boden vor der K_____ fast
trocken. Diesen Teil des Meeres nennt man W_____.

Setze ein! Wasserstand, Küste, Flut, Bewegung, Watt, Ebbe

An der Ostseeküste

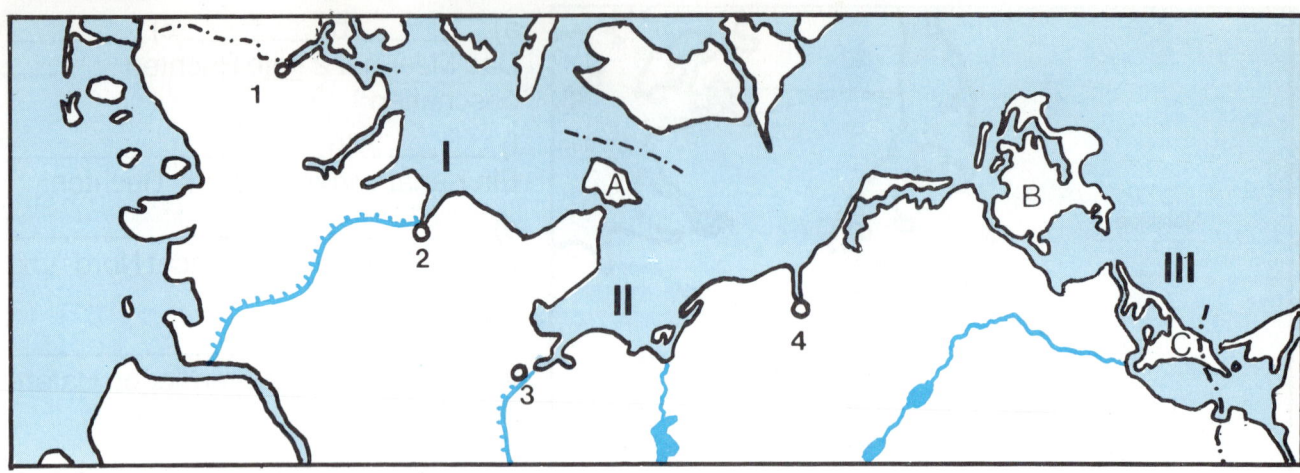

Die deutsche Ostseeküste weist 3 große Buchten auf: I) _____ Bucht,
II) _____ Bucht, III) _____ Bucht.
Tiefe Einbuchtungen im Land (**Förden**) sind bei den Städten 1) _____ ,
2) _____ , 3) _____ und 4) _____ .
Flache, zerlappte Buchten (**Bodden**) sind bei der Halbinsel A) _____ ,
sowie bei den Inseln B) _____ und C) _____ .

● Nimm den Atlas zu Hilfe und fülle die Textlücken richtig aus!

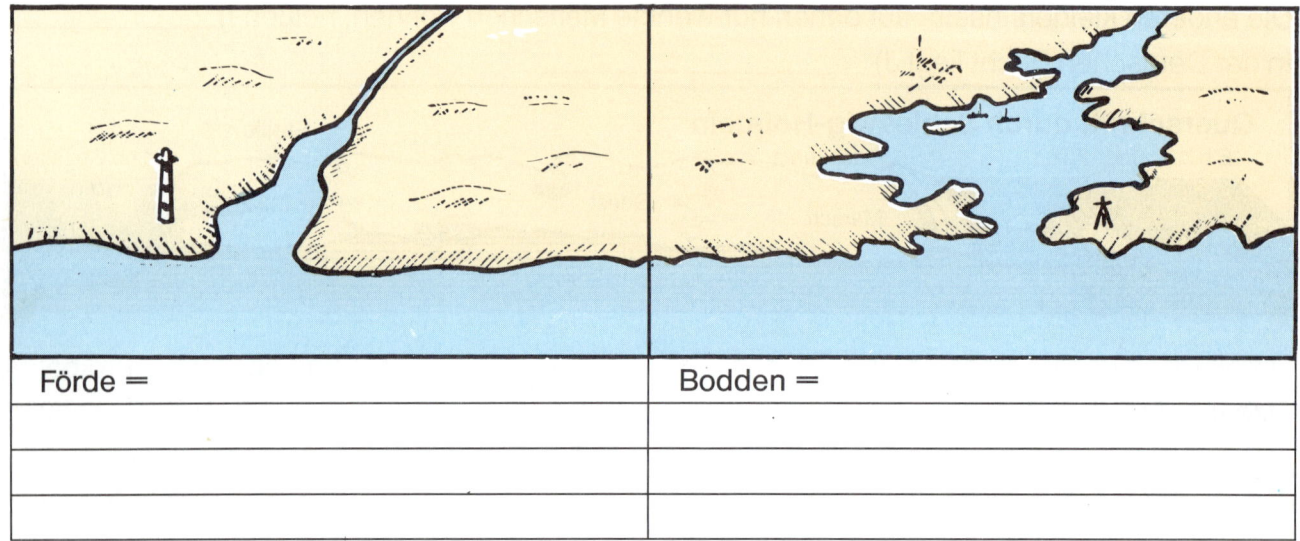

Förde =	Bodden =

● Beschreibe die drei Küstenformen!

Anders als an der Nordseeküste ist ein Teil der Ostseeküste Steilküste.

_____
_____
_____
_____
_____
_____
_____

● Beschreibe, wie Regen und Meerwasser im Laufe der Zeit die Küste zerstört haben.

Sicherung der Küsten

Das Meer dient nicht nur dem Menschen, sondern es bedroht ihn auch. So zerstörten gewaltige Sturmfluten die Nordseeküste und schufen die heutige Küstenform mit Inseln und Wattenmeer. Auf der nebenstehenden Karte ist dir durch eine gestrichelte Linie gekennzeichnet, wo die deutsche Küste vor langer Zeit einmal verlief.

Sturmflutkatastrophen an der Nordseeküste
1164 Der Jadebusen entsteht.
1362 Der Dollart bricht ein,
1570 große Schäden von den Niederlanden bis Dänemark, besonders die Nordfriesische Küste wird heimgesucht,
1634 allein auf Nordstrand ertrinken 6400 Menschen,
1953 in den Niederlanden und England 300 000 Menschen obdachlos, 2000 ertrinken,
1962 große Teile Hamburgs unter Wasser, 300 Menschen sterben.

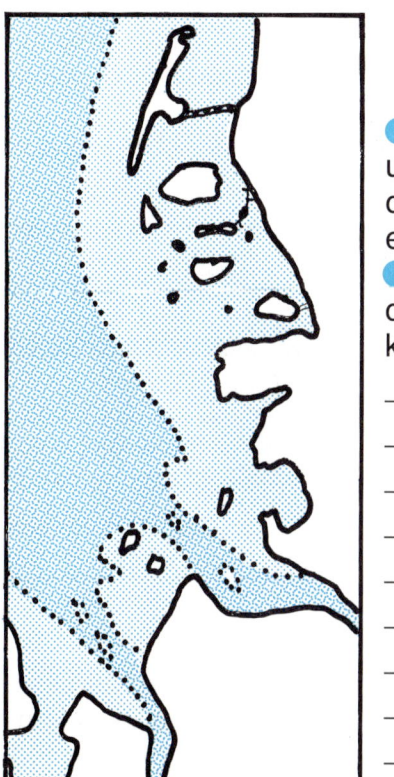

● Male das heutige Festland und die Inseln grün und das von der Nordsee den Menschen entrissene Land gelb aus!

● Berichte über die verheerenden Wirkungen von Sturmflutkatastrophen!

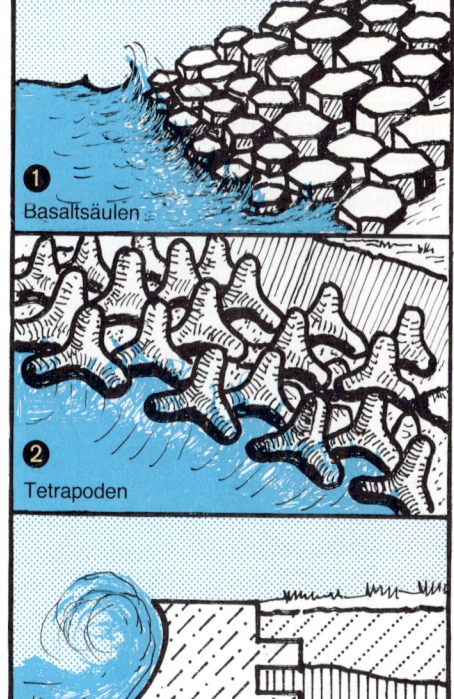

❶ Basaltsäulen
❷ Tetrapoden
❸ Stahlbeton

Schnitt durch einen Deich

Steinbewehrung
Buhne
Weg
5–10 m
Flachhang
etwa 50 m

„De nich will dieken, mutt wieken!"

Deiche sind Schutzwälle gegen das Meer. Sie sind am Fuß etwa _____ m breit und haben eine Höhe von _____ bis _____ m. Der _____ neigt sich zum Meer.
Eine _____ und vorgelagerte _____ sollen die Wellen brechen.
Moderne Deiche sind oft durch ①_____, große Betonklötze mit vier Stümpfen, den ②_____ oder ③_____ geschützt.

● Fülle die Textlücken richtig aus!

Neulandgewinnung

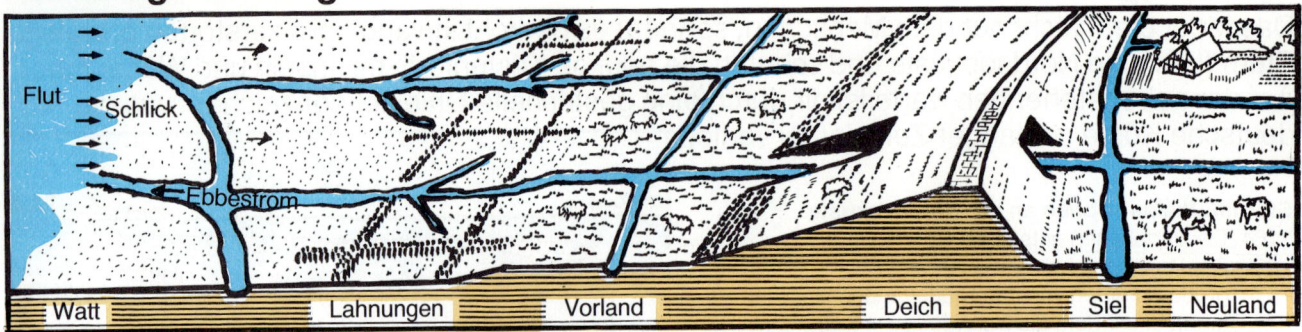

Das Meer zerstört nicht nur, es baut auch auf. Jede _____ trägt _____ (Sand, Ton, Tier- und Pflanzenreste) heran. Während des Wasserstillstandes sinkt ein Teil des Schlicks zu Boden (jährlich 3-4 cm). Um diesen Vorgang zu fördern, werden mit Stroh und Reisig gefüllte doppelte Pfahlreihen, sogenannte _____, als große Gevierte vom _____ aus ins _____ hineingebaut. Sie verhindern auch, daß der _____ _____ den Schlick wieder wegspült. Auf dem nunmehr erhöhten Wattboden siedelt sich zunächst eine Salzpflanze, der Queller, an. Später treten andere Pflanzen hinzu. Anfangs schützt ein niedriger _____ das gewonnene _____. Nach einigen Jahren wird dann der endgültige Deich errichtet.

● Fülle die Lücken mit Hilfe der Abbildung aus!

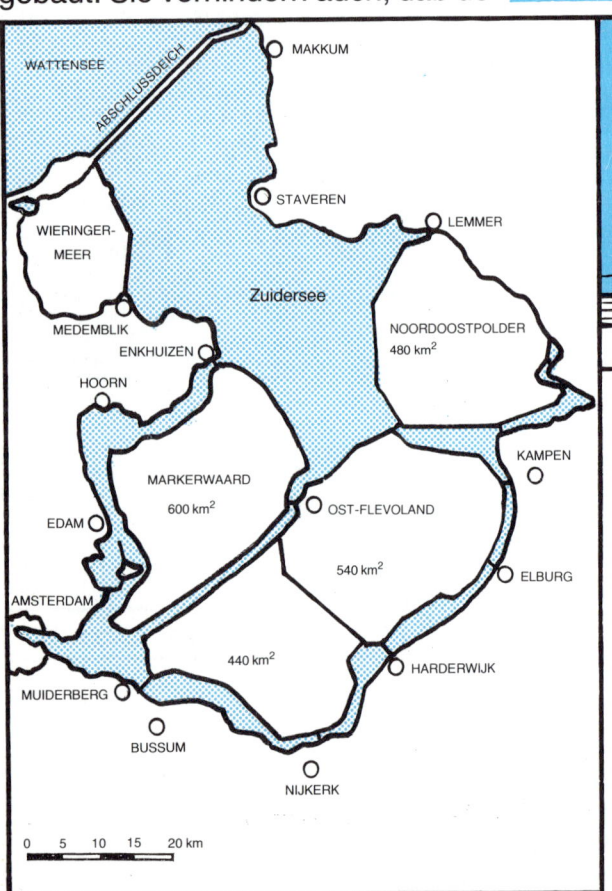

Neulandgewinnung in den Niederlanden

Seit vielen Jahrhunderten kämpfen die Niederländer gegen das Meer. Etwa ein Drittel ihres Landes und die Neulandgebiete (Polder) liegen niedriger als der Meeresspiegel. So sind die Niederländer Meister im Bau von Deichen geworden. Ihr größtes Unternehmen ist die Trockenlegung der Zuidersee (s. Abbildung links!). Mit einem 32,5 km langen Absperrdeich trennten sie die Zuidersee vom Meer ab. Durch den Bau von weiteren Deichen und ein Entwässerungssystem gewannen sie in jahrelanger harter Arbeit neues Land.

● Male die Polder farbig aus!
● Berechne die Fläche der Polder!
● Vergleiche die Fläche der Polder mit den Flächen der Bundesländer
Bremen = 404 km², West-Berlin = 481 km², Hamburg = 747 km², Saarland = 2567 km²

Reihenfolge der Arbeiten:
1 Bau eines Deiches
2 Befestigung des Deiches (z. B. Grassoden)
3 Anlegen von Gräben
4 Bau von Kanälen
5 Bau von Pumpwerken (früher Windmühlen)
6 Inbesitznahme des Polders
● Trage die Ziffern richtig in die Abbildung ein!

Das Land hinter der Küste

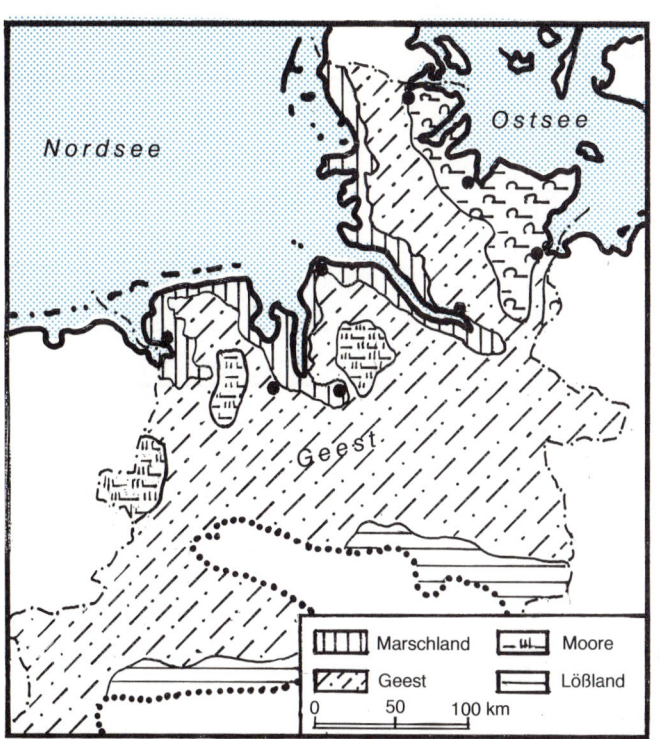

Das **Marschland** ist ein fruchtbares Gebiet. Das Meer und die Flüsse haben Lehm, Ton, Sand, Pflanzen- und Tierreste herbeigeführt. Es ist Tiefland und muß entwässert werden. Gräben sammeln das Binnenwasser, das in Kanäle mündet, die zu einem Siel führen. Das ist ein Schleusentor im Deich. Bei Ebbe öffnet der Wasserdruck von der Landseite her das Tor, bei Flut schließt das steigende Meer es wieder von selbst.

Die **Geest** besteht aus Heide und Moor. Ohne Eingreifen des Menschen ist sie weniger fruchtbar als die Marsch. Heute sind große Teile der Geest für die landwirtschaftliche Nutzung erschlossen worden.

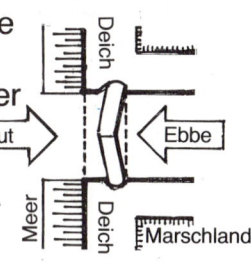

● Male das Marschland und die Geest farbig aus!

Schnitt durch Schleswig-Holstein. — Fast alle Oberflächenformen des Tieflandes der Bundesrepublik Deutschland drängen sich hier auf kleinstem Raum.

Trage die Wörter Hügelland – Marsch – Geest – Ostsee – an der richtigen Stelle ein!

Marsch	Heide	Moor
1	1	1
2	2	2

● Klebe in die freien Felder die entsprechenden Textkärtchen!

Arten des Fischfangs

Fischer im Wattenmeer

| Fischfang mit Reusen | Buttfischer im Watt | Krabbenfischer |

Beim Ablaufen der Flut fangen sich die Fische in den _____. Aus der verengten _____ der Reuse gibt es kein Entrinnen.

Die Fische werden mit einem großen _____ vom Grund aufgestöbert. Der Fischer schiebt dabei den Kescher auf dem _____ vor sich her.

Die _____ werden mit zwei feinmaschigen Netzen gefangen. Sie werden seitlich geschleppt und _____ dabei am Grunde entlang.

Fischfang auf hoher See

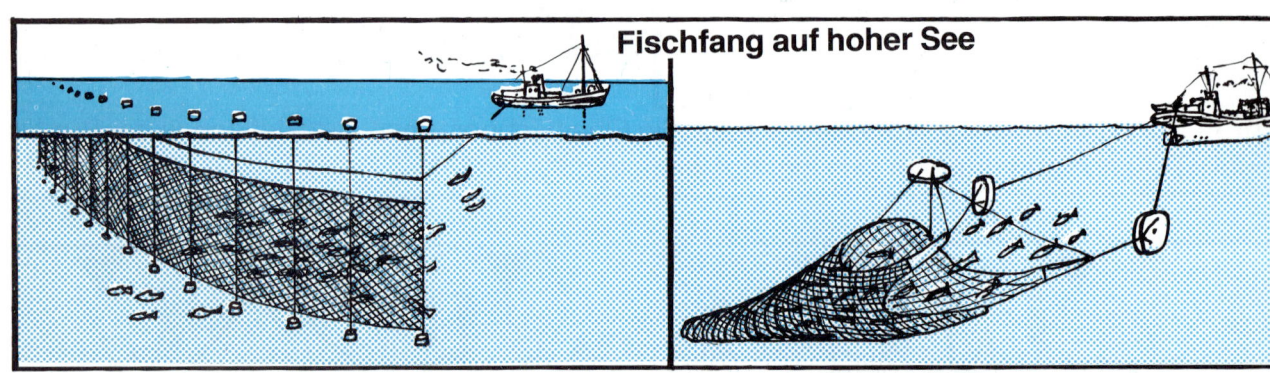

Der Heringslogger verwendet ein 3-4 km langes und 15 m breites _____. Bojen und _____ halten es senkrecht im Wasser. Die Fische verfangen sich mit den Kiemen im Netz.

Der Fischdampfer fischt mit einem _____ _____ von 40-50 m Länge. Er zieht es bei _____ Fahrt auf dem Grunde hinter sich her. Die Fische geraten ins weitgeöffnete Netz.

Walfang

 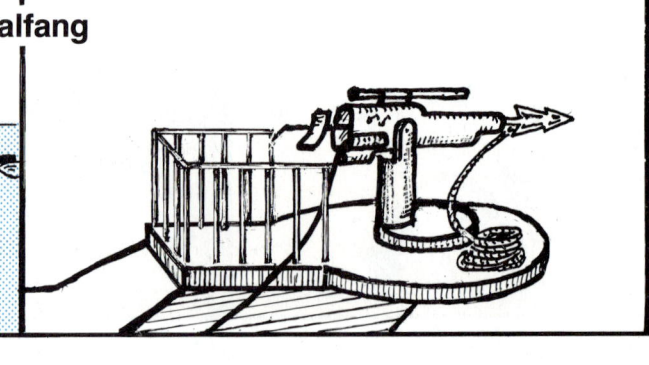

Der Walfang erfolgt durch große _____ _____, die von einer Flotte moderner _____ begleitet werden. Wale werden mit _____ gefangen. Das sind mit Widerhaken versehene Wurfspieße, die an einer langen Leine befestigt sind. Sie werden von Kanonen abgeschossen. Wegen der Gefahr der Ausrottung werden Fangzeit und Abschußzahl international geregelt.

● Setze die folgenden Wörter richtig ein!
Krabben – Reusen – Treibnetz – Kescher – Schleppnetz – langsamer – Mutterschiffe – Grund – schleifen – Fangboote – Gewichte – Harpunen – Röhre

● Informiere dich in Nachschlagewerken über die Ausweitung der 3-Meilen-Zone zum Schutz nationaler Fischfanggründe!

Fischfang auf hoher See

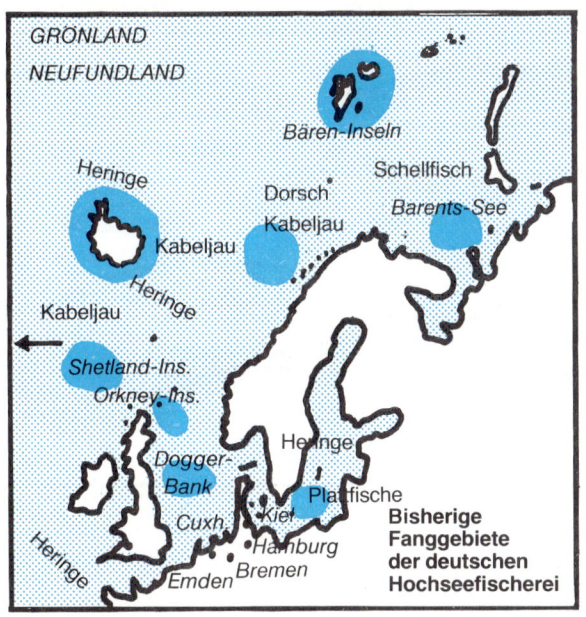

Bisherige Fanggebiete der deutschen Hochseefischerei

Nicht an allen Stellen des Meeres lohnt es sich für die Fischer, ihre Netze auszuwerfen. Nur in Gebieten, die reich an Plankton (tierische und pflanzliche Kleinlebewesen) sind, halten sich die großen Fischschwärme auf. Leider darf die deutsche Hochseeflotte nicht mehr überall fangen.

- Berichte über die Fangbeschränkungen auf einem extra Blatt!
- Schreibe hier die bisherigen Fanggebiete nieder.

_____
_____
_____
_____

- Fischarten, die hauptsächlich gefangen werden:

_____
_____

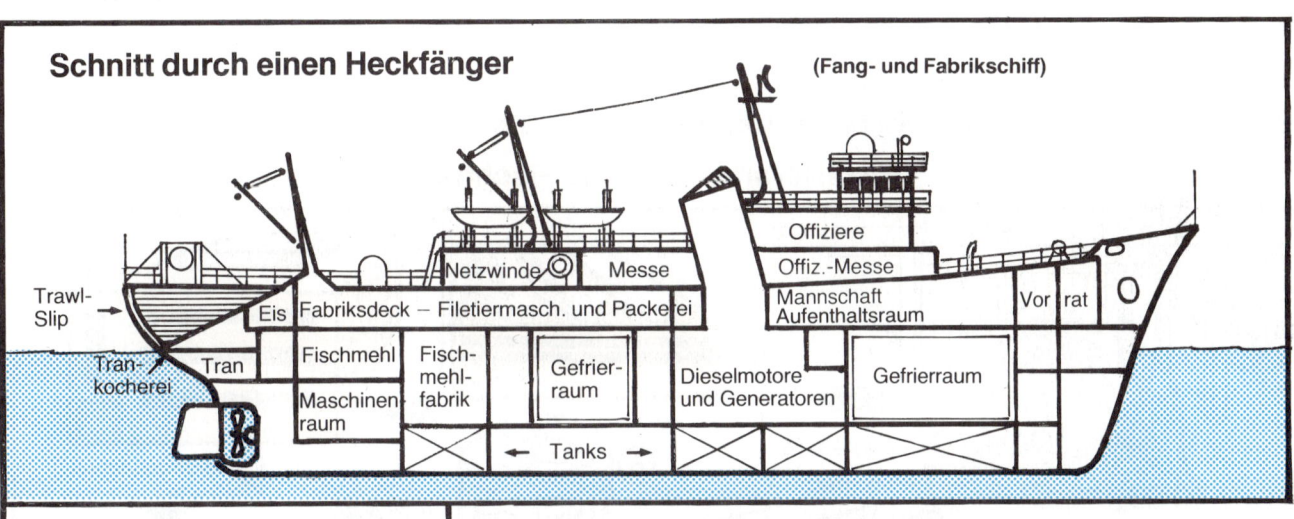

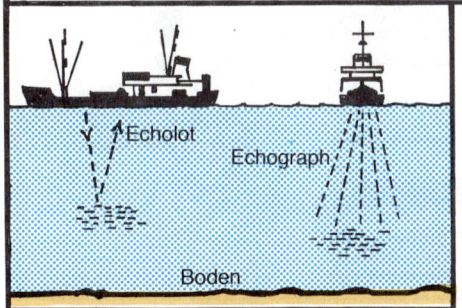

So werden die Fische gefangen

Mit dem Fischsucher (Echograph) spürt der Kapitän einen Fischschwarm auf. Mit dem senkrechten _____ mißt er, wie tief der Schwarm unter ihm schwimmt. So kann er sein _____ günstig auswerfen. Der Fang wird am ausgeschnittenen _____ eingeholt und an Bord verarbeitet. In _____ wird der Fisch tiefgekühlt aufbewahrt.

- Setze die folgenden Wörter richtig ein! **Heck – Gefrieranlagen – Netz – Echolot**
- Male die Fabrikanlagen des Heckfängers farbig aus!
- Welche Räume müssen neben den Fabrikanlagen auf dem Heckfänger noch vorhanden sein? Schreibe ihre Namen auf!

_____
_____
_____

- Der Fischfang auf hoher See ist gefährlich. Berichte darüber!

_____
_____
_____

Meeresfische und Fischverarbeitung

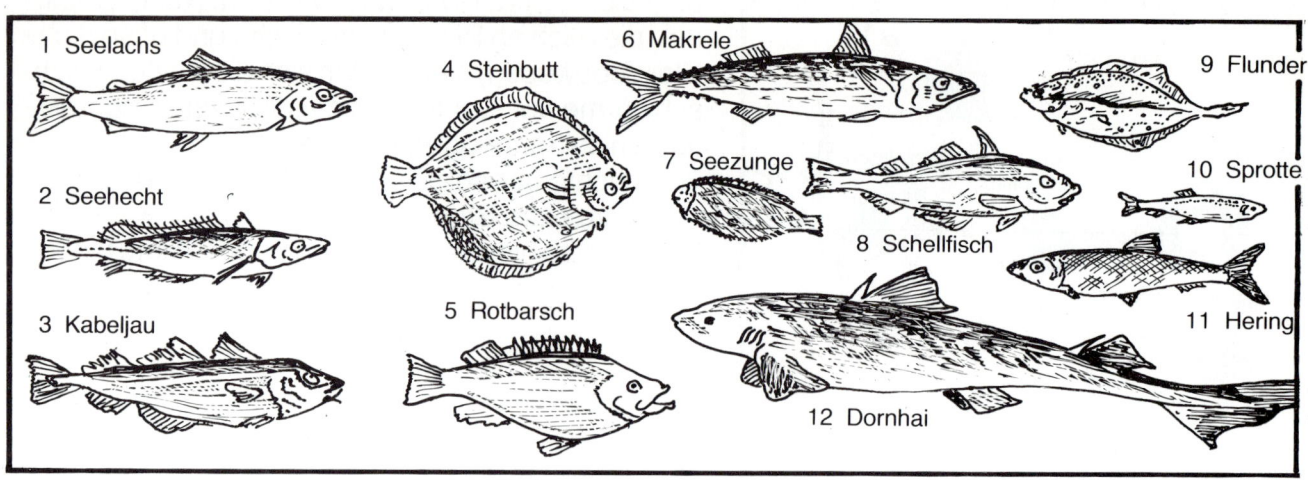

Hochseefische: _____
_____

Küstenfische: _____
_____

● Schreibe nieder, welche Fischarten unsere Hochsee- und Küstenfischer fangen!

Fischverarbeitung und Fischtransport

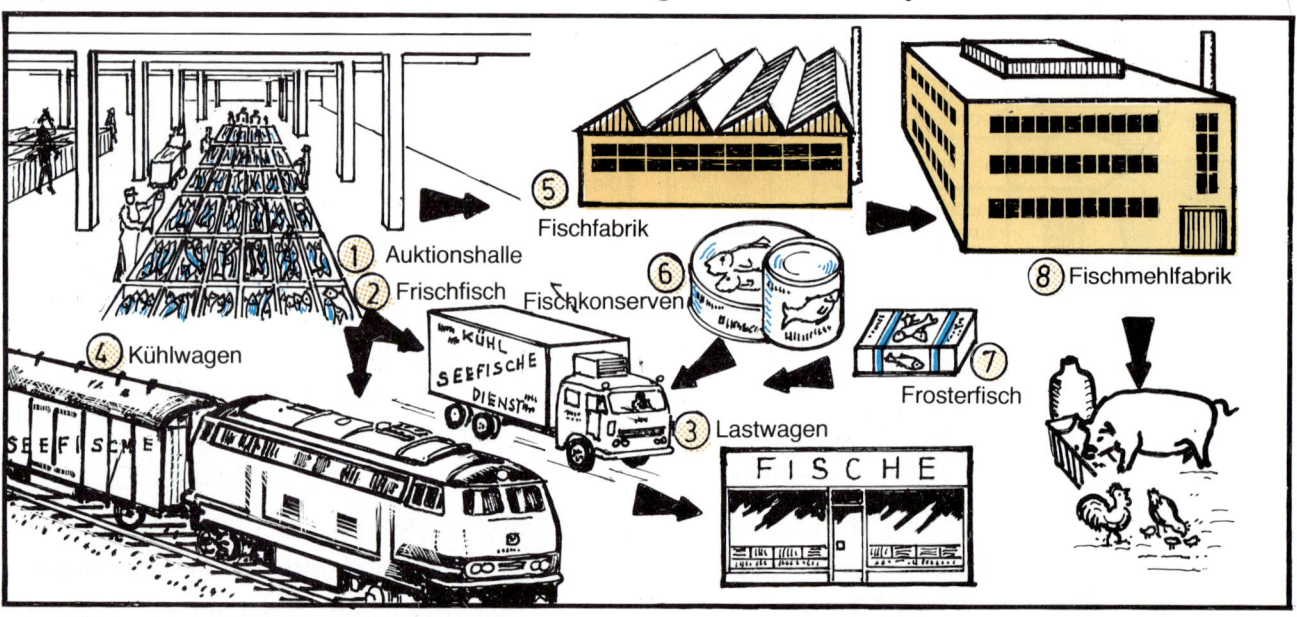

Die gefangenen Fische kommen in der ① _____ zur Versteigerung.
Sie nehmen dann verschiedene Wege. Der ② _____ wird sofort mit
③ _____ und ④ _____ der Bundesbahn zum Verbraucher transportiert.
Ein Teil der Fische kommt in die ⑤ _____ . Dort wird er zu ⑥ _____
und ⑦ _____ verarbeitet. Die bei der Verarbeitung entstandenen Abfälle
kommen in die ⑧ _____ .

Frischfisch: _____
Konserven: _____
Räucherfisch: _____

● Gib an, welche Fischarten eure Familie kauft!

Verschiedene Hochseeschiffe

Es dient fast ausschließlich der Beförderung von Fahrgästen und ist wie ein Hotel eingerichtet.

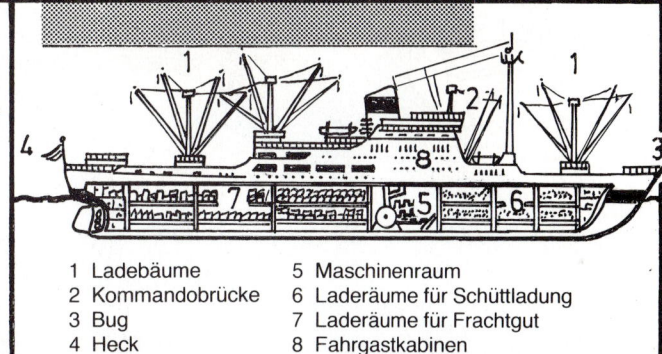

1 Ladebäume
2 Kommandobrücke
3 Bug
4 Heck
5 Maschinenraum
6 Laderäume für Schüttladung
7 Laderäume für Frachtgut
8 Fahrgastkabinen

Es befördert Fahrgäste und Fracht. Es ist kleiner und meistens auch langsamer als ein Passagierschiff.

Es trägt Massen- und Stückgüter, wie Erz, Kohle, Getreide, Erden, Holz und verpackte Waren.

Sie werden gefüllt mit Naßfrachten, hauptsächlich mit Erdöl, aber auch mit Teeren und Wein.

Es dient dem Transport von Menschen und Landfahrzeugen über Wasserläufe oder See.

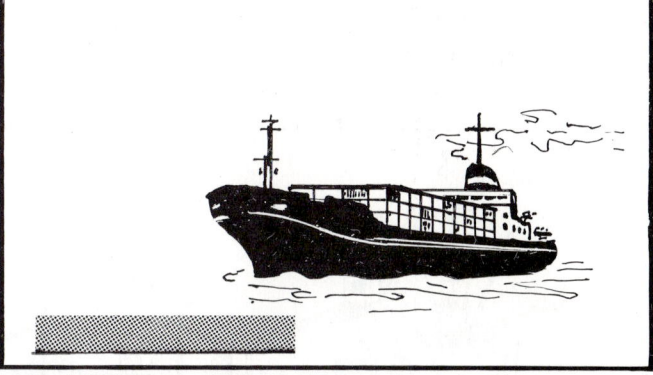

Es transportiert Behälter, sogenannte Container mit Waren, die schon in der Fabrik beladen wurden.

Einige Schiffsgrößen

	Länge	Breite	BRT
Passagierschiff	306 m	36,0 m	81 000
Frachtschiff	135 m	8,6 m	6 000
Fahrgast-Frachtschiff	169 m	22,5 m	16 600
Tanker	192 m	26,5 m	21 000

In Bruttoregistertonnen (BRT) wird der gesamte Rauminhalt des Schiffes angegeben.
1 Registertonne = 2,83 cbm (Kubikmeter)

● Schreibe auf die Zeilen die richtige Bezeichnung!

Container-Frachter – Passagierschiff – Tanker – Fährschiff – Frachtschiff – Fahrgast-Frachtschiff

● Male die Laderäume des Fahrgast-Frachtschiffes und die Fahrgastkabinen farbig aus!
● Vergleiche die angegebenen Schiffsgrößen mit den Größen dir bekannter Räume (z. B. mit der Höhe, Länge und Breite deines Klassenzimmers)!

Umschlagplatz Hafen

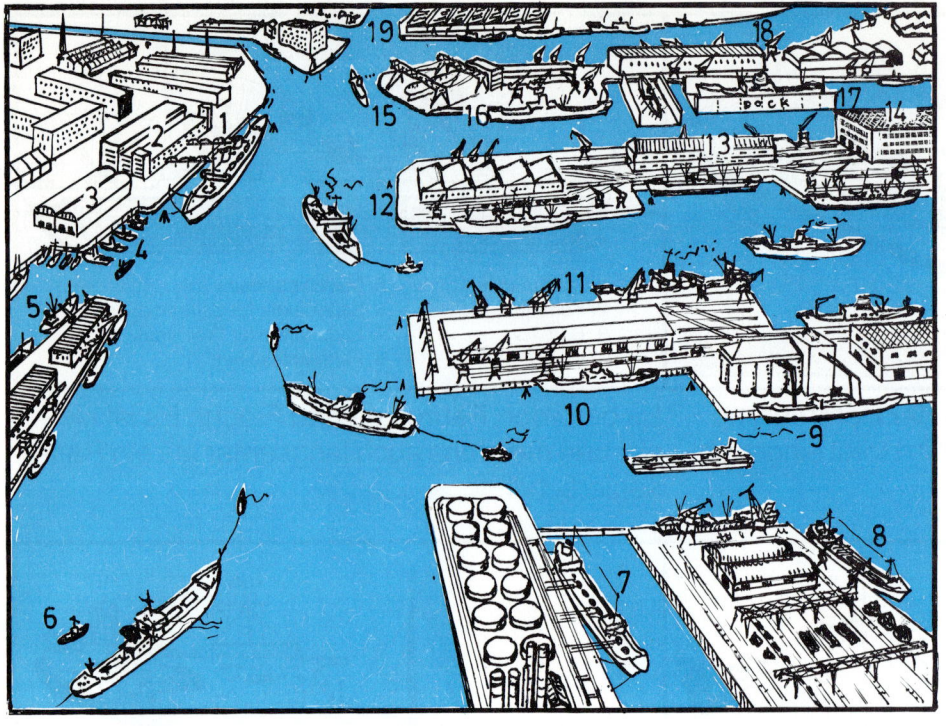

1 Übersee-Brücke für Passagierschiffe;
2 Empfangsgebäude mit Zoll- u. Paßamt, Restauration, Verkehrsamt, Hafenamt, Seewetterdienst usw.;
3 Zoll-Lagerhallen;
4 Liegeplatz für Schlepper und _____;
5 Fischereihafen mit _____;
6 Hafenlotse;
7 _____;
8 Massengut (_____);
9 Getreide-Umschlag mit _____;
10 Stückgut-Kai; 11 Schwergut-Kai; 12 Frucht-Umschlag mit _____;
13 Bananenschuppen; 14 Kühlhäuser (_____);
15 Werftanlagen (_____); 16 Ausrüstungskai; 17 Schwimm-Docks für _____; 18 Umschlagplatz für Küstenschiffe; 19 Binnenhafen

● Vervollständige mit den folgenden Worten die Erläuterungen zum Hafenbild!

Ölhafen – Getreide-Silo – Erz- und Kohleumschlag – Fischauktionshallen – Fruchtschuppen – Neubau von Schiffen – Lotsenboote – Schiffsreparaturen – für Kühlgut wie Fleisch usw.

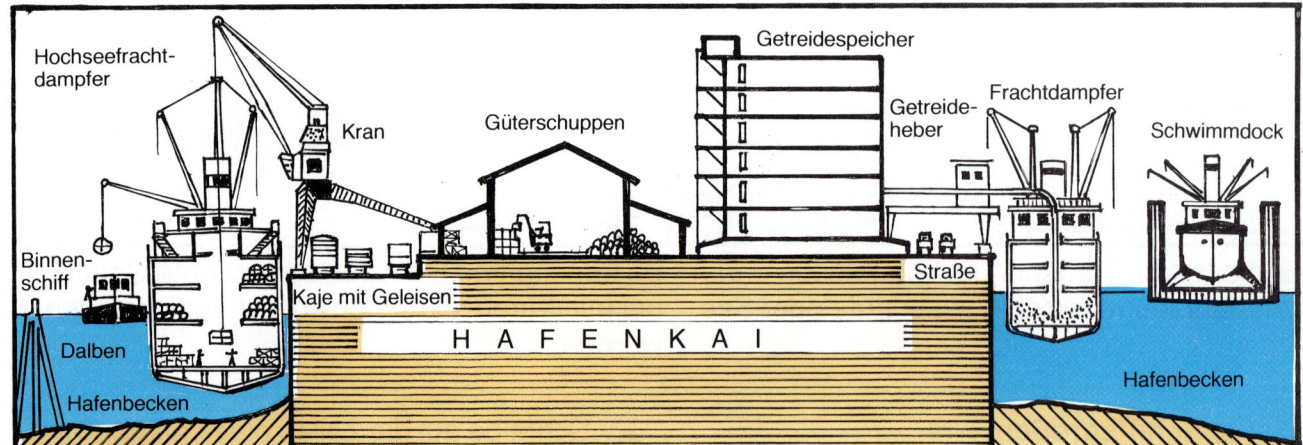

Die Schiffe bringen _____
Sie befördern _____
In Güterschuppen _____
In Getreidespeichern _____
In Schwimmdocks _____

● Ergänze mit den folgenden Satzteilen die Satzanfänge!

...werden die Waren gestapelt.   ...werden Schiffe repariert.   ...Rohstoffe aus allen Erdteilen.
...wird das Getreide gespeichert.   ...Fertigwaren ins Ausland.

Arbeiten im Hafen

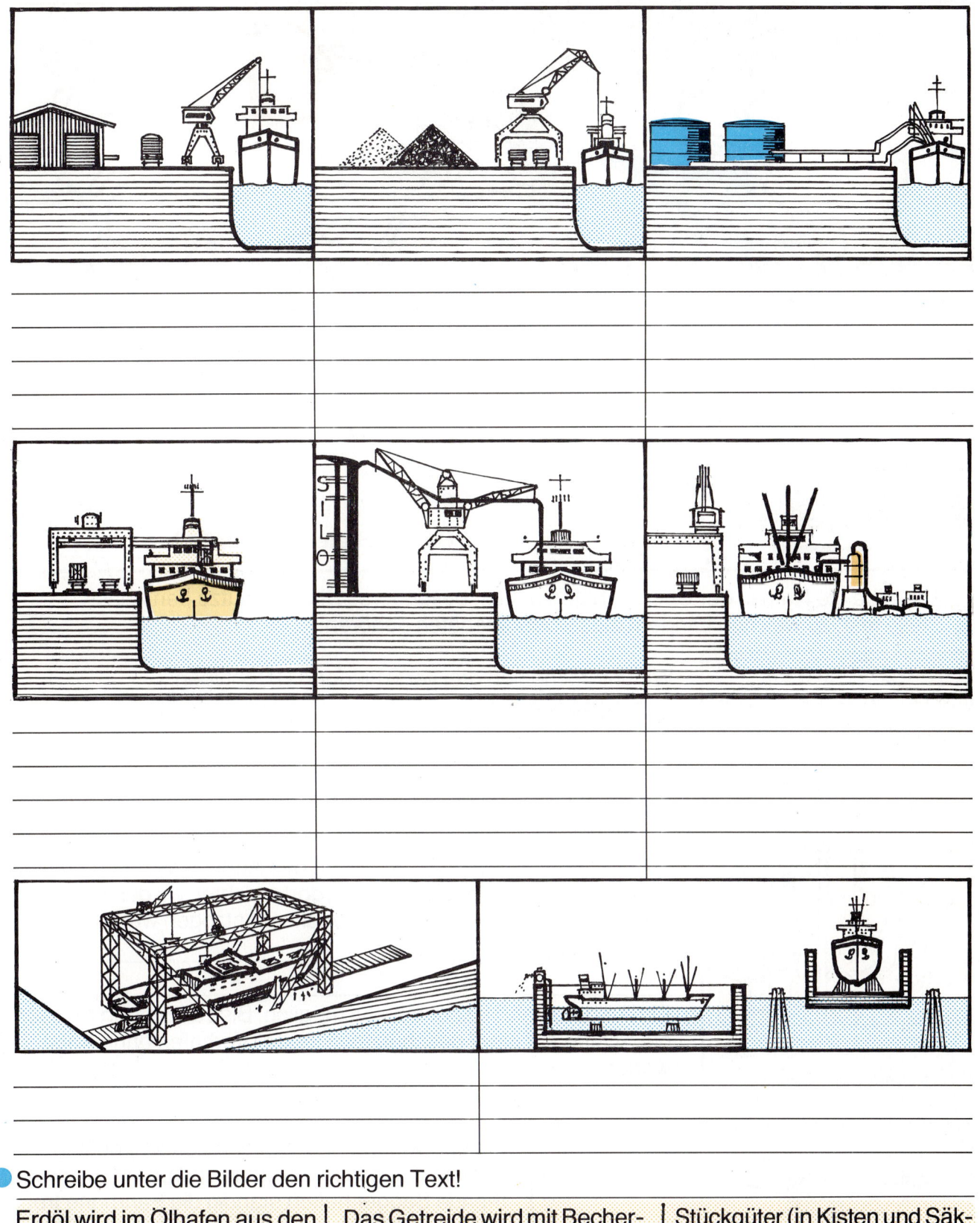

● Schreibe unter die Bilder den richtigen Text!

Erdöl wird im Ölhafen aus den Tankschiffen in große Kessel (Tanks) gepumpt.	Das Getreide wird mit Becherwerken und Saugluftrohren in die großen Silos gehoben.	Stückgüter (in Kisten und Säcken verpackte Waren) werden in Lagerhallen gestapelt.
Auf dem Schiffsbauplatz, der Hellig, werden die Schiffe gebaut.		In den Docks werden die Schiffe überholt und repariert.
Flußschiffe (Binnenschiffe) übernehmen die Ladung direkt vom Seeschiff.	Massengüter, wie Kohle, Erze und Holz werden auf Lagerplätzen gelagert.	Die großen Container (Behälter mit Waren) werden mit Verladebrücken be- und entladen.

Die Lage großer Häfen

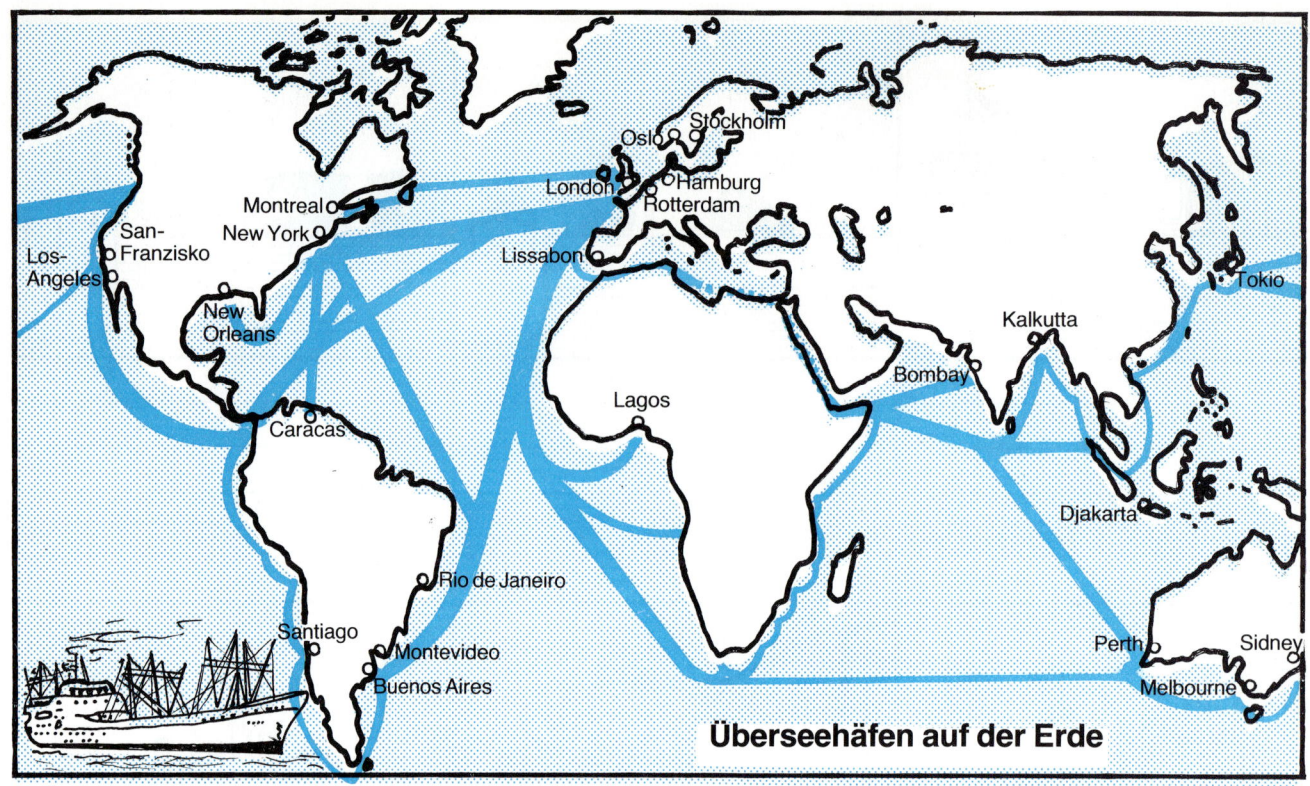

Überseehäfen auf der Erde

• Schreibe die Namen der Überseehäfen auf ein besonderes Blatt! Benutze den Atlas!
• Stelle fest, zu welchen Ländern diese Überseehäfen gehören!

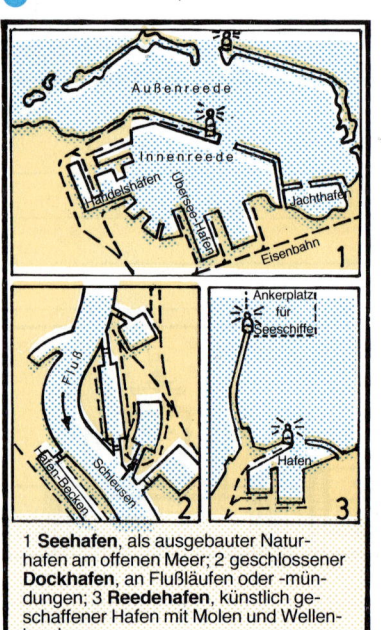

1 **Seehafen**, als ausgebauter Naturhafen am offenen Meer; 2 geschlossener **Dockhafen**, an Flußläufen oder -mündungen; 3 **Reedehafen**, künstlich geschaffener Hafen mit Molen und Wellenbrechern

Wir unterscheiden drei verschiedene Hafentypen:

1. Der **Seehafen** liegt _____
_____ oder im Mündungsgebiet großer Flüsse. Er wird gebaut, wo der Flutwechsel unbedeutend oder das Hafenbecken tief genug ist (Tidehafen).

2. Der geschlossene **Dockhafen** liegt _____
_____. Er ist gegen das Außenwasser durch eine Schleuse abgeschlossen und wird dort errichtet, wo der Hafenverkehr den Einflüssen starker Flutwechsel entzogen werden muß.

3. Der **Reedehafen** ist ein _____
_____.
Ein- und Ausfahrt ist nur bei Flut möglich. Bis zur Einfahrt müssen die Schiffe auf einer geschützten Reede (Vorhafen ohne Kais) warten.

• Fülle die Lücken im Text richtig aus!

Molen, Dämme und Wellenbrecher schützen die Liegeplätze gegen Seegang und Sturm. Schwimmende Bagger halten ständig die Fahrrinne frei. **Feuerschiffe** ①, **Leuchttürme** ②, **Bojen** ③ (schwarz oder rot gestrichene eiserne Tonnen) und **Baken** ④ (hohe Holzgerüste) leiten die Schiffe in den Hafen. Neuerdings leitet man Schiffe auch mit **Radar** ⑤ durch den dicksten Nebel.

• Kennzeichne in der Skizze die Seezeichen mit den entsprechenden Ziffern!

Ein großer Dampfer wird seewärts aus dem Hafen geschleppt!

Urlaub an der Nordsee

1 Horizont	5 Sandstrand		9 Strandkorb	13 Rettungsseil	17 Kurhalle
2 Meer	6 Düne		10 Urlauber	14 Rettungsboot	18 Hotel
3 Brandung	7 Badende		11 Badewärter	15 Umkleidekabine	19 Zeitball
4 Gischt	8 Strandburg		12 Rettungsring	16 Strandpromenade	20 Sturmball

● Berichte vom Leben am Badestrand!

①Seestern ②Herzmuschel
③Qualle   ④Wellhornschnecke

● Trage in den Abbildungen rechts die richtigen Ziffern ein!

Menschen, die sich um das Wohl der Gäste kümmern

● Setze ein! Koch, Serviererin, Zimmermädchen, Telefonistin, Büfetthilfe, Kellner, Küchenhilfe, Page

13

Urlaub am Mittelmeer

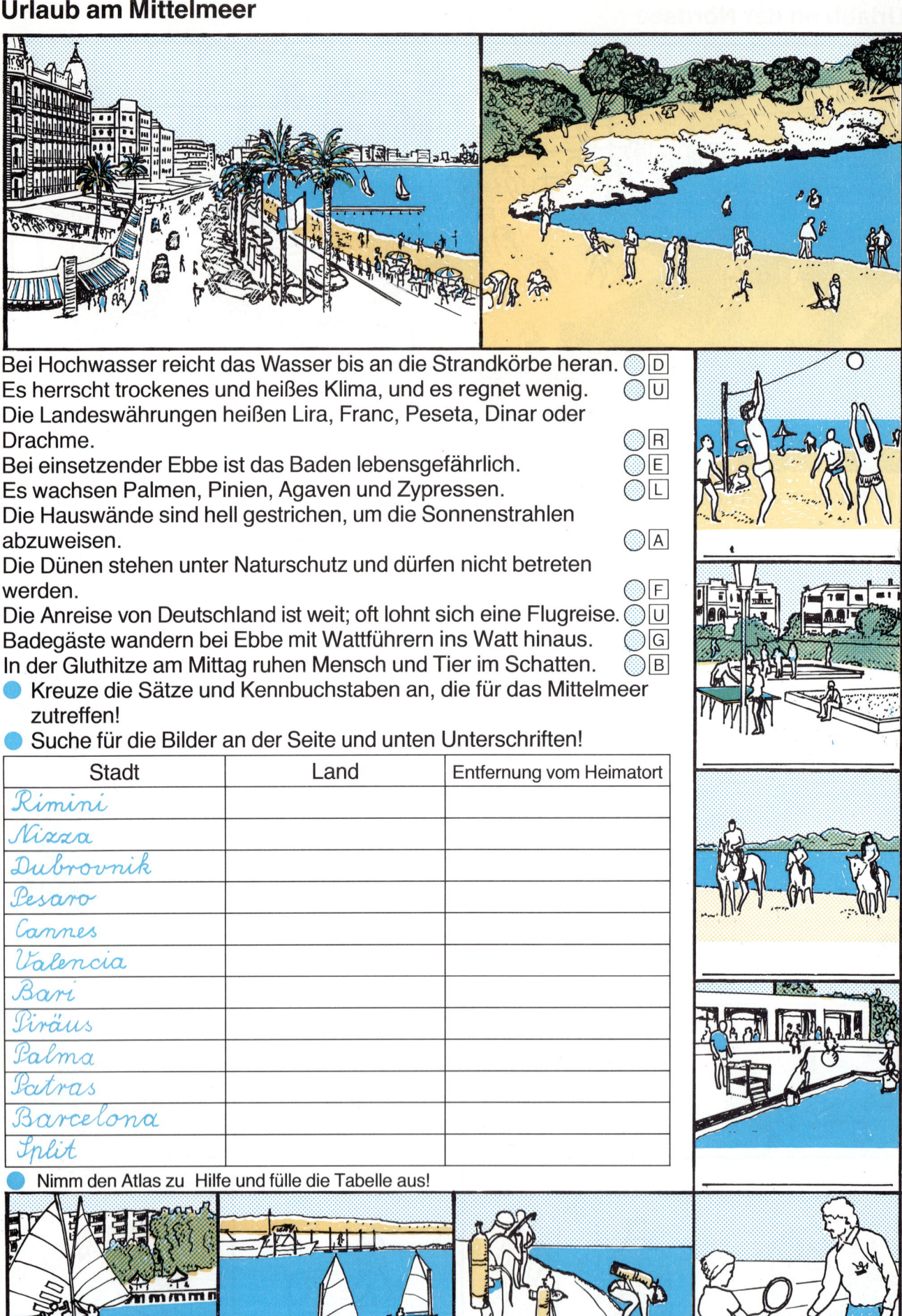

Bei Hochwasser reicht das Wasser bis an die Strandkörbe heran. ⊙ D
Es herrscht trockenes und heißes Klima, und es regnet wenig. ⊙ U
Die Landeswährungen heißen Lira, Franc, Peseta, Dinar oder Drachme. ⊙ R
Bei einsetzender Ebbe ist das Baden lebensgefährlich. ⊙ E
Es wachsen Palmen, Pinien, Agaven und Zypressen. ⊙ L
Die Hauswände sind hell gestrichen, um die Sonnenstrahlen abzuweisen. ⊙ A
Die Dünen stehen unter Naturschutz und dürfen nicht betreten werden. ⊙ F
Die Anreise von Deutschland ist weit; oft lohnt sich eine Flugreise. ⊙ U
Badegäste wandern bei Ebbe mit Wattführern ins Watt hinaus. ⊙ G
In der Gluthitze am Mittag ruhen Mensch und Tier im Schatten. ⊙ B

● Kreuze die Sätze und Kennbuchstaben an, die für das Mittelmeer zutreffen!
● Suche für die Bilder an der Seite und unten Unterschriften!

Stadt	Land	Entfernung vom Heimatort
Rimini		
Nizza		
Dubrovnik		
Pesaro		
Cannes		
Valencia		
Bari		
Piräus		
Palma		
Patras		
Barcelona		
Split		

● Nimm den Atlas zu Hilfe und fülle die Tabelle aus!

Im Hochgebirge

Wenn wir hoch zu den Berggipfeln wollen, durchwandern wir im Tal zunächst saftig grüne Wiesen. Nur selten finden wir hier einen Acker.
Beim Aufstieg begleiten uns zunächst Laubwälder. Je höher wir aber gelangen, desto mehr Nadelwald sehen wir. Bald wird es auch ihm zu kalt und zu rauh. In 1800 Meter Höhe hört der Wald ganz auf. Verkrüppelte niedrige Kiefern ducken sich an den Boden und drängen sich zu dichtem Gestrüpp zusammen.

Nun breiten sich große Grasflächen wie grüne Matten aus. Zwischen dem Gras wachsen würzige Kräuter und leuchtende Blumen. Ab 2200 Meter schieben sich in die Wiesen große Geröllhalden hinein, die von den Felsen abgesprengt sind. Das Gras wird nun allmählich spärlicher, über ein Gebiet von Felsen und Geröll kommen wir zur Schneegrenze, die bei etwa 2500 Meter beginnt. Hier ist es so kalt, daß der Schnee nicht mehr wegtaut.

Arbeitsaufgabe:
- Auf Textkärtchen im Ausschneideblatt sind die einzelnen Höhenstufen des Hochgebirges näher beschrieben.
- Schneide sie aus, und klebe sie richtig ein!

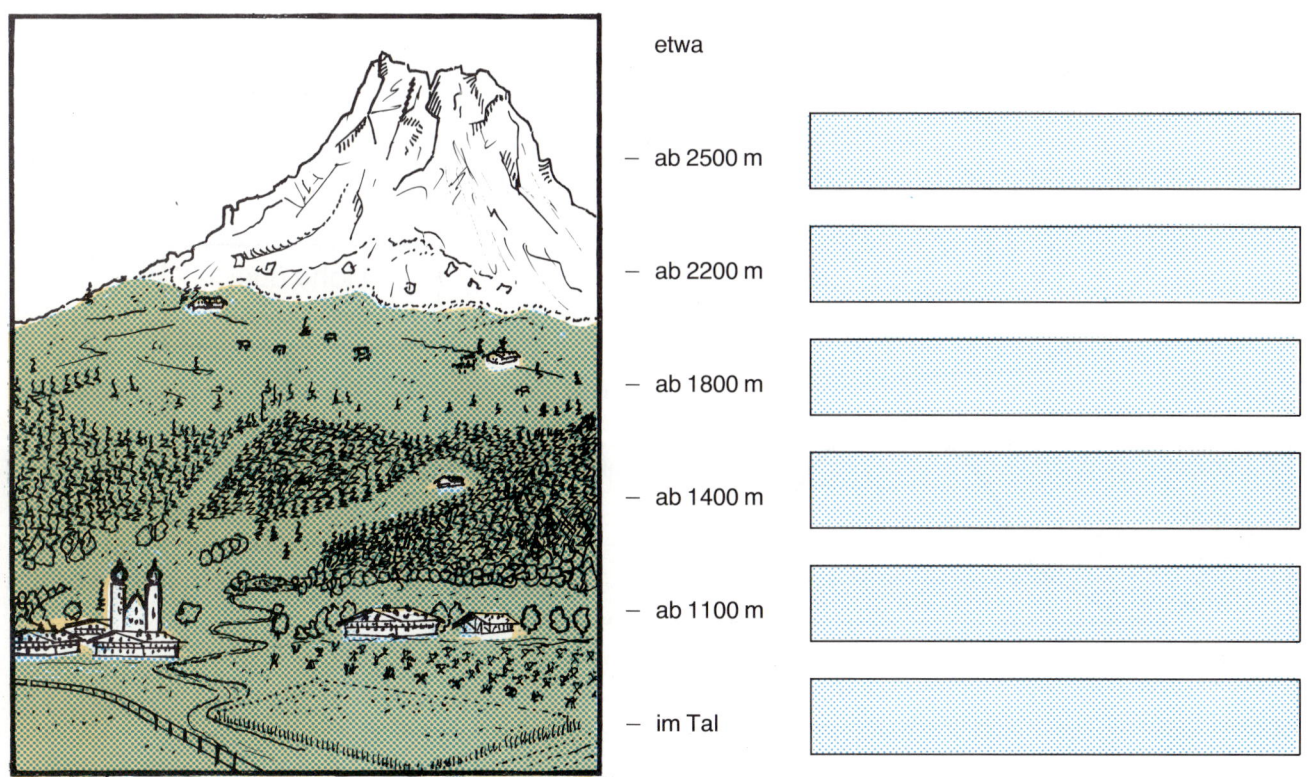

etwa
— ab 2500 m
— ab 2200 m
— ab 1800 m
— ab 1400 m
— ab 1100 m
— im Tal

Hohe Berge

Ein Hochgebirge ist, wie du sicher weißt, eine große Anzahl von hohen Bergen. Auf ihren Gipfeln bleibt der Schnee immer liegen. Hier ist die Heimat der Gletscher.
Das uns bekannteste Hochgebirge sind die Alpen. Ein kleiner Teil der Alpen liegt in Deutschland, der weitaus größere Teil allerdings in Österreich, der Schweiz, Italien und Frankreich. Der höchste Berg der Alpen ist der Montblanc, der 4810 Meter hoch ist. In den deutschen Alpen ist es die Zugspitze mit 2963 Metern.

● Damit du dir eine Vorstellung von der Höhe der großen Berge im Hochgebirge machen kannst, zeichne in die Tabelle die einzelnen Höhen mit dicken Balken richtig ein!

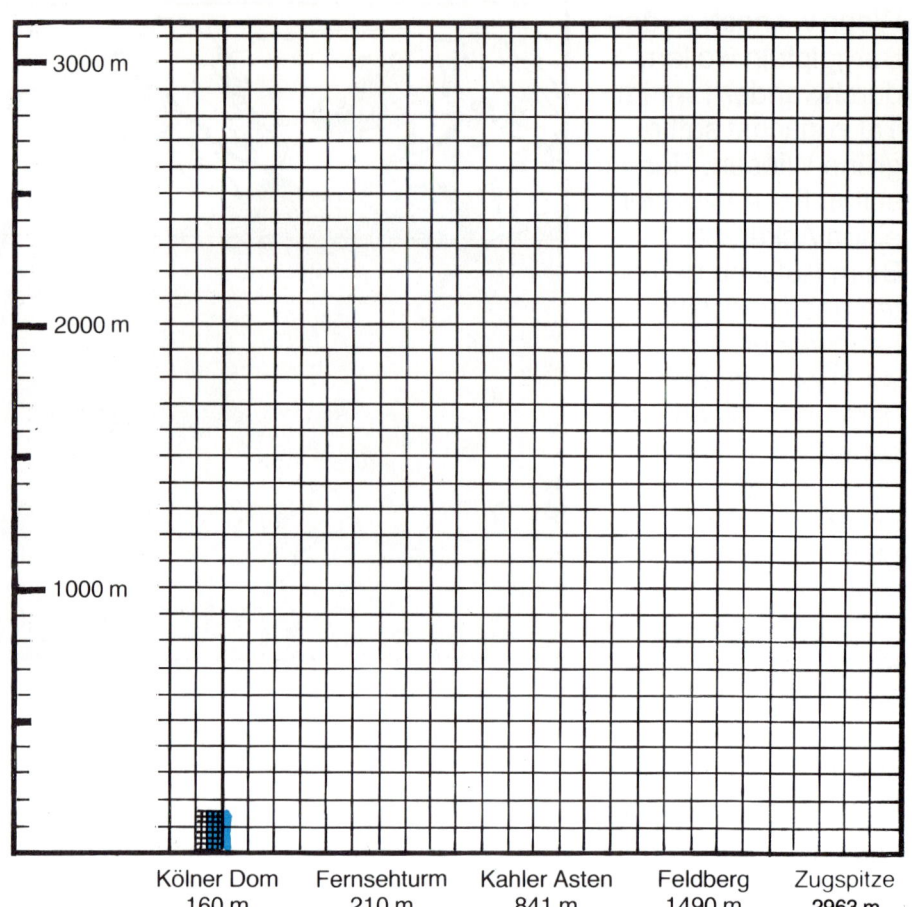

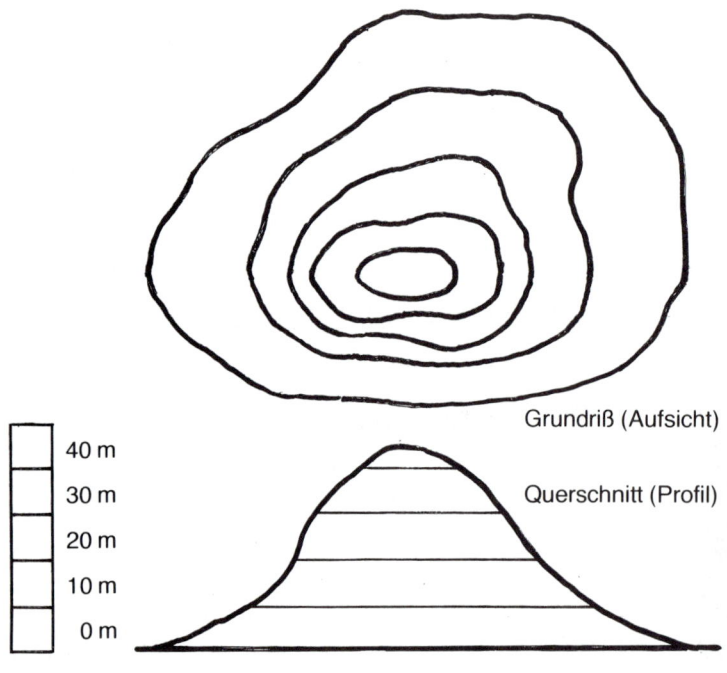

Auf einer Landkarte steht bei den hohen Bergen ihre Höhe in Zahlen daneben. Diese Höhe ist in Metern ab dem Meeresspiegel gemessen. Diesen Ausgangspunkt nennt man NN. Vielleicht hast du in den Bergen schon einmal ein ähnliches Schild gesehen:

Wie aber kann man **alle** Formen einer Landschaft darstellen? Man zeichnet die Landkarten in verschiedenen Farben. Die Farben reichen von dunkelgrün für das Flachland bis zu einem dunkelbraun für ein Gebirge.

Male die jeweiligen Höhen im Grundriß und im Querschnitt in folgenden Farben aus:
0 m = dunkelgrün, 10 m = hellgrün, 20 m = gelb, 30 m = hellbraun, 40 m = dunkelbraun.

Gletscher im Hochgebirge

Im Hochgebirge bleibt der Schnee das ganze Jahr über bei Höhen ab 2500 Meter in den Mulden der hohen Berge liegen. Der Schnee schmilzt zwar etwas in der Sonne der Mittagsstunden, doch in der Nacht gefriert er wieder zu hartem Eis, das man Firn nennt. So kommt es, daß sich immer mehr Eis und Schnee ansammeln. Diese Masse wird schließlich so schwer, daß sie ins Gleiten kommt. Täglich wandert sie 10 bis 20 cm ins Tal. Ein **Gletscher** ist entstanden.

Wenn der Gletscher über Felsbrocken rutscht, bilden sich in ihm tiefe Spalten. Fällt dann Schnee, sieht man diese **tiefen Gletscherspalten nicht** mehr. Sie bilden dann eine große Gefahr beim Betreten des Gletschers. Wichtig ist deshalb, einen Gletscher nur angeseilt zu überqueren.

In den tieferen Lagen des Gletschers schmilzt das Eis allmählich. So bleibt am Ende des Gletschers nur eine schmale **Gletscherzunge** mit dem **Gletschertor** übrig, aus dem der **Gletscherbach** rauscht. Die Steine, die der Gletscher losgebrochen und mitgeschleppt hat, bilden an seinen Seiten und an seinem Ende hohe Wälle. Diese Wälle bestehen aus Erde und Steinen. Man nennt sie **Moränen**.

● Beschreibe auf einem zusätzlichen Blatt, wie ein Gletscher entsteht!
● Schreibe die Zahlen der folgenden Begriffe richtig in die Kreise der Zeichnung ein!
① Gletschertor, ② Moränen, ③ Gletscherspalte, ④ Gletscherbach, ⑤ Gletscherzunge

● Streiche die falschen Antworten durch:

Ein Gletscher wandert täglich —————————————— 10 bis 20 cm / 30 bis 50 cm
Aus dem Gletschertor rauscht —————————————— die Gletscherzunge / der Gletscherbach
Die hohen Wälle aus Erde und Stein heißen —————————————— Moränen / Gletscherspalten
Gletscher bilden sich im Hochgebirge bei Höhen ab —————————————— 1800 Meter / 2500 Meter

Naturkräfte im Hochgebirge

Im Hochgebirge können durch Naturkräfte große Schäden und Gefahren entstehen. Deshalb schützen sich die Bewohner im Hochgebirge durch sinnvolle und oft sehr teure Schutzvorrichtungen vor den Gefahren.

Ebenso werden wichtige Straßen und Eisenbahnlinien durch Schutzvorrichtungen geschützt.
Auf der Zeichnung siehst du 3 Beispiele.

❶ ❷ ❸

- Schneide die Klebekärtchen auf dem Ausschneideblatt aus, und klebe sie passend zu der Zeichnung in die richtigen Kästchen!

Im Flachland werden die Kraftwerke vor allem mit Kohle betrieben. Im Hochgebirge besitzt man die Wasserkraft, die man „weiße Kohle" nennt. Sie liefert in vielen Fällen den elektrischen Strom. Begünstigt wird dies im Hochgebirge durch zwei wichtige Dinge: Die vielen Niederschläge und die großen Höhenunterschiede. So kann man die Wassermengen und die großen Gefälle nutzen und daraus Elektrizität gewinnen.

Auf der Skizze siehst du zwei Möglichkeiten, wie man mit Wasserkraft Elektrizität gewinnen kann.

- Trage in die Schriftfelder der Skizze ein: Turbine – Wasser im Fluß – Wasser im Fallrohr
- Bei welcher Situation dreht sich die Turbine schneller? _____

Vorsicht, Lawinengefahr!

München, 23.1.1980. Durch eine Lawine wurden in Zermatt drei Skiläufer verschüttet. Während sich einer selbst aus den Schneemassen befreite, konnten die Rettungsmannschaften die übrigen zwei Skiläufer nach mehreren Stunden nur noch tot bergen.
Solche Meldungen lesen wir in jedem Winter in unseren Zeitungen. Immer wieder werden im Hochgebirge viele Menschen durch Lawinen verschüttet und kommen dabei ums Leben. Oft beachten vor allem die Skiläufer nicht die Warnungen vor einer Lawinengefahr und lösen durch ihren Leichtsinn Lawinen aus, durch die sie dann selber in Gefahr kommen.

● Kannst du dir vorstellen, wie man sich vor Lawinen im Hochgebirge schützen kann? Weißt du, welche Möglichkeiten Rettungsmannschaften haben, um von Lawinen verschüttete Menschen zu finden und zu befreien? Schreibe deine Überlegungen auf ein extra Blatt!

Häufig entstehen Lawinen nach starken Schneefällen. Staublawinen, die wie eine wirbelnde weiße Wolke ins Tal fallen, bilden sich dann, wenn der lockere Neuschnee abrutscht. Durch den Luftdruck werden Häuser und Bäume niedergerissen.
Naßschneelawinen entstehen, wenn bei Tauwetter der nasse Schnee von den Grashängen abrutscht. Auch der Wald hält dann die unheimliche Wucht des herabstürzenden Schnees nicht mehr auf. Unten im Tal bleibt dann ein Trümmerfeld übrig: zusammengedrückter Schnee, Felsbrocken, Erde, zersplitterte Bäume, zertrümmerte Hütten und Häuser.

Schutz vor Lawinen

Die häufigste Art, Ortschaften und einzelne Häuser im Hochgebirge zu schützen, ist die Lawinenverbauung. Man errichtet am Berghang eine große Anzahl von Schutzwällen und Schutzmauern, um dadurch die Lawinen aufzuhalten. Ferner wird darauf geachtet, daß über Ortschaften der Wald nicht abgeholzt wird, damit auch er vor Lawinen schützen kann. Straßen und Eisenbahnlinien werden mit Galerien überdacht. Das sind Tunnel, die zur Talseite hin offen sind. Auch führt man Straßen und Eisenbahnlinien oft über längere Strecken durch Tunnel.

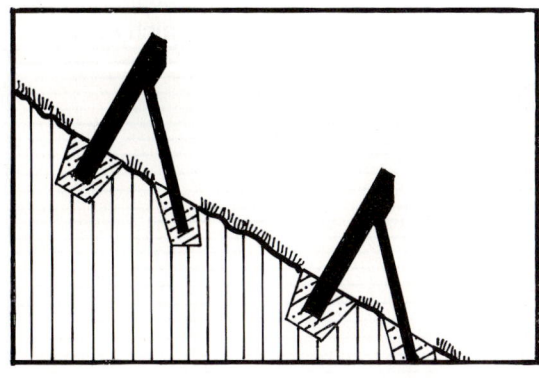

Lawinenverbauung im Hochgebirge

● Setze in das Rätsel die auf dieser Seite gelb markierten Wörter richtig ein!

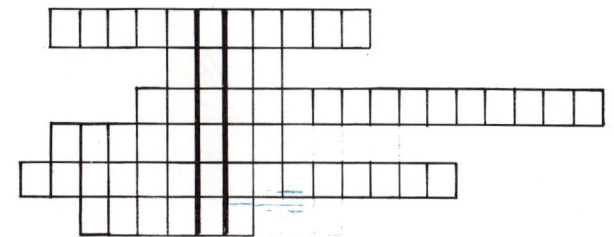

Die Nutzung der Wasserkraft im Hochgebirge

In allen Hochgebirgen der Welt nutzen die Menschen die riesigen Kräfte der Natur. Die oft reißenden _____ sind an vielen Stellen aufgestaut worden und erzeugen mit ihrer Wasserkraft _____.

Von den Elektrizitätswerken am Fuße der _____ laufen die _____ weit ins Land hinaus. Sie versorgen zahlreiche _____ _____. Ihr Strom treibt elektrische Lokomotiven und die Motoren unzähliger Fabriken an.

🔵 Setze folgende Wörter richtig in den Lückentext ein:
Stauseen – Haushaltungen – Flüsse – Überlandleitungen – elektrischen Strom.

Auf der Zeichnung siehst du das größte Kraftwerk in den deutschen Alpen, das Walchenseekraftwerk. Der oben gelegene Walchensee liegt etwa 200 Meter über dem darunter gelegenen Kochelsee. Diesen Höhenunterschied hat man zur Kraftgewinnung ausgenutzt.

🔵 Unten auf der Seite siehst du eine Skizze des Walchenseekraftwerkes. Betrachte sie sorgfältig, und beschreibe das Kraftwerk! _____
_____
_____

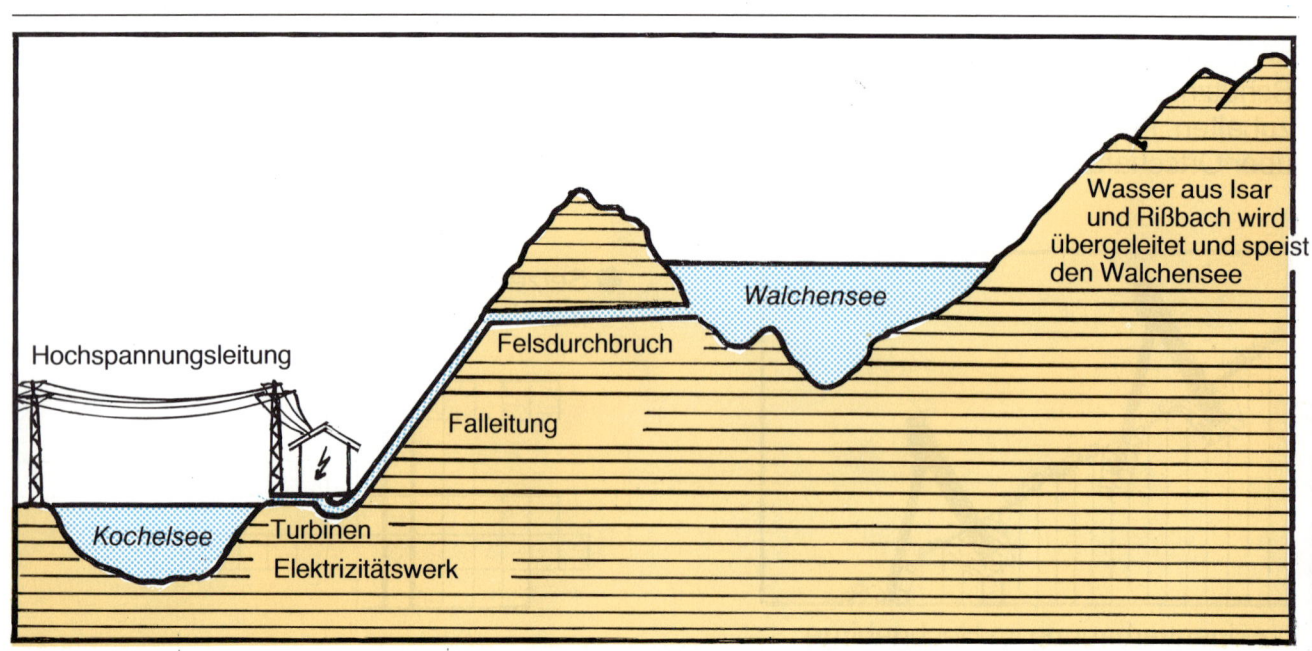

Verkehrswege folgen den Flußläufen

Die Einwohner der beiden Orte Altkirchen und Neukirchen, beide liegen im Hochgebirge, wollen, daß zwischen ihren Orten eine Straße gebaut wird. Die Straßenbauer haben dafür zwei Möglichkeiten:

1. Sie bauen die Straße über die hohen Berge und durch die tiefen Täler. Das ist der direkte Weg zwischen den beiden Orten.
2. Sie bauen die Straße an dem Fluß entlang, um die hohen Berge herum. Dieser Weg ist um einige Kilometer länger.

● Wo entlang soll man nach deiner Meinung die Straße zwischen Altkirchen und Neukirchen bauen? Betrachte die Karte! Überlege, und schreibe es auf!

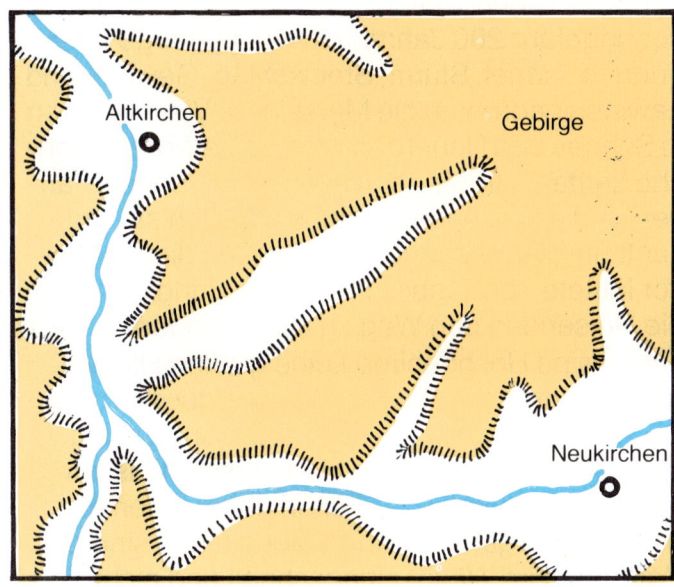

_____
_____

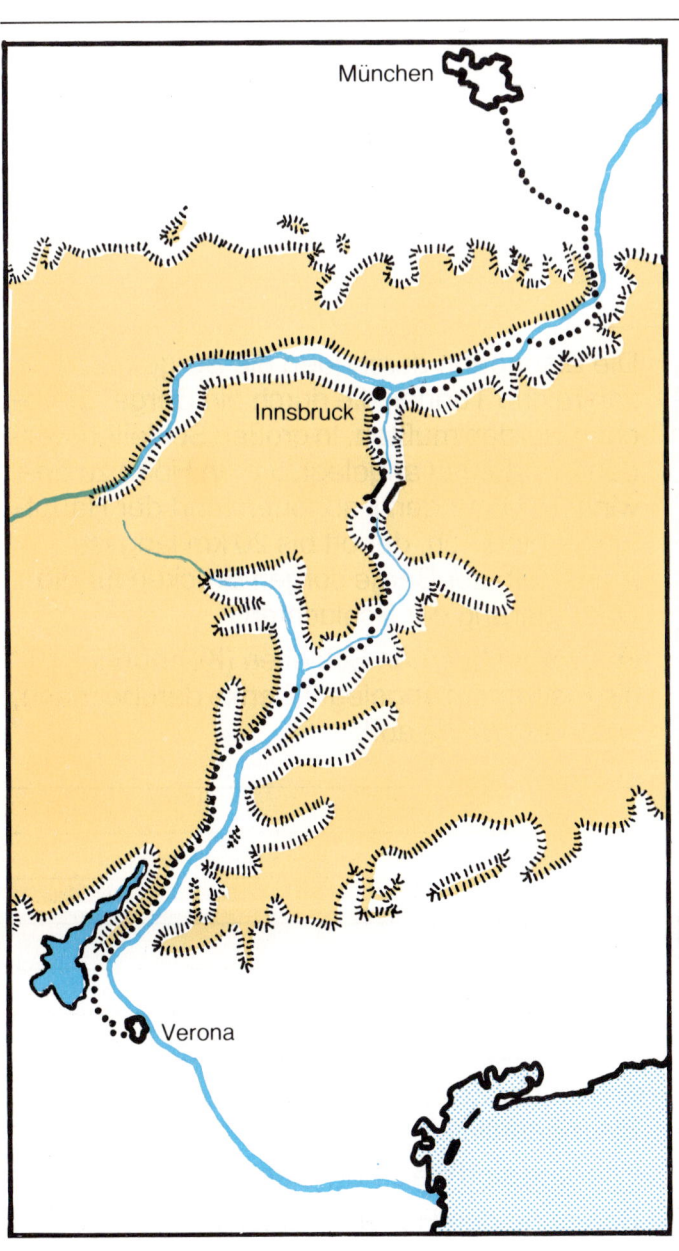

_____

● Suche in deinem Atlas Straßen im Hochgebirge (Alpen), die um Berge herum an Flußläufen entlang laufen und Orte verbinden!

Du hast sicher festgestellt, daß im Hochgebirge viele Straßen an den Flüssen entlangführen. Das geschieht deshalb, weil der Straßenbau in den Flußtälern einfacher und billiger ist und man nicht ständig hohe Berge überqueren muß.

Viele deutsche Urlauber fahren in jedem Sommer mit dem Auto nach Italien. Dabei müssen sie ein Hochgebirge überqueren, die Alpen. Auf der Zeichnung ist die Straßenverbindung von München (Deutschland) nach Verona (Italien) eingetragen. Du siehst, daß diese wichtige Straße fast immer an Flüssen entlangführt.

● Suche in deinem Atlas die Straßenverbindung von München nach Verona. An welchen Flüssen führt die Straße entlang?

_____
_____
_____

● Welcher hohe Paß wird von der Straße überquert?

21

Wege über die Berge

Große Schwierigkeiten hatten die Reisenden, die vor ungefähr 200 Jahren ein Hochgebirge überquerten. Hagel, Sturm, Steinschlag, Gewitter und Lawinen bedrohten die Menschen. Viele verloren in Schnee und Nebel den Weg und erfroren. Mönche bauten damals oben auf den Paßhöhen Häuser für die Reisenden. In ihnen fanden sie Unterkunft und Verpflegung. Die Glocken dieser Häuser läuteten bei Nebel und Sturm ständig, damit die Reisenden den Weg zu ihnen fanden. Heute sind Hochgebirge keine großen Hindernisse mehr. Viele Paßstraßen überqueren die höchsten Berge. In großen Serpentinen schlängeln sich die Straßen die Hänge hinauf bis zur Paßhöhe. Zahlreiche Brücken überwinden reißende Gebirgsbäche und Täler. Häufig sind die Paßhöhen im Winter eingeschneit und nicht befahrbar. Darum baut man immer mehr Tunnel, die unterhalb der Pässe durch den Berg führen.

● Vergleiche eine Paßüberquerung früher und heute! *Früher:* _____

Heute: _____

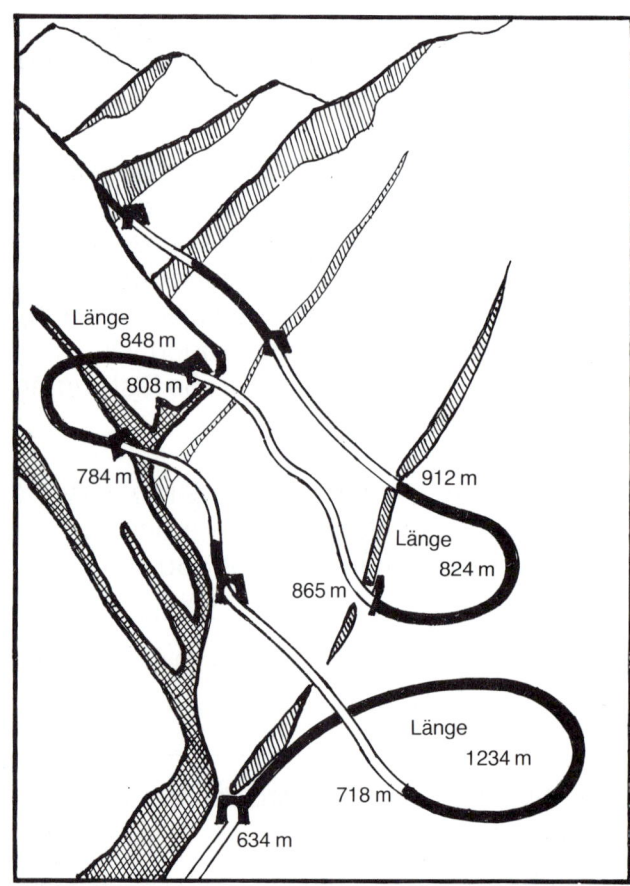

Die Eisenbahn durchquert die Berge durch zahlreiche Tunnel, die durch die Berge gebrochen werden mußten. In großen Schleifen werden Kehrtunnel angelegt, um an Höhe zu gewinnen. Unter den Paßhöhen führt der Haupttunnel hindurch, der oft bis 20 km lang ist. Außerhalb der Berge sorgen Brücken für die Überquerung der Schluchten.

● Warum hat man Schleifen (Kehrtunnel) für die Eisenbahn angelegt? Denke darüber nach, und schreibe es auf!

● Auf der Zeichnung siehst du, wie sich eine Eisenbahnlinie einen Berg hinaufschlängelt. Wie lang sind die 3 Kehrtunnel? _____ Meter
Berechne den Höhenunterschied zwischen den 3 Tunneln: _____ Meter

Tunnel und Pässe in den Alpen

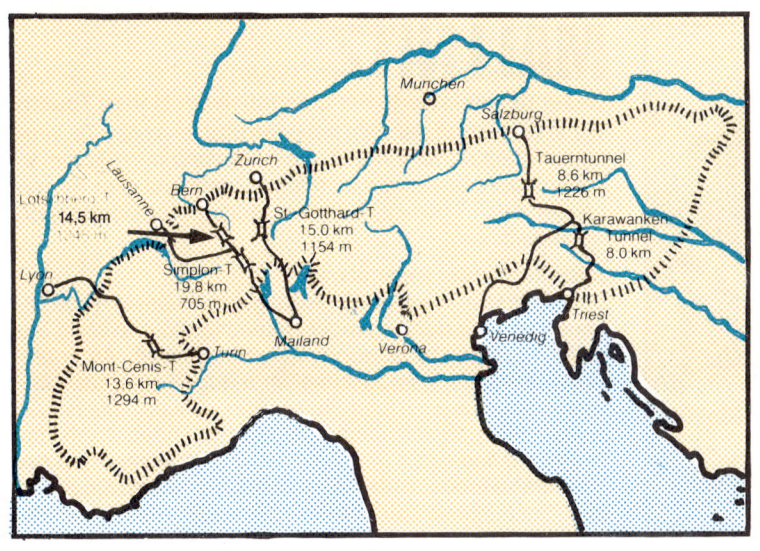

Die Alpen sind, wie du weißt, das höchste Hochgebirge in Europa. Sie trennen Mitteleuropa von Südeuropa. Die Verkehrswege der Alpen müssen die ganze Last des Durchgangsverkehrs zwischen Nord und Süd tragen. Hinzu kommt, daß die Alpen ein wichtiges Urlaubsgebiet sind und auch deshalb stark befahren werden.

Wichtig ist deshalb, daß die Verkehrsverbindungen in den Alpen für den starken Verkehr gut ausgebaut sind, egal, ob es sich um die Pässe über die hohen Berge oder die Tunnels durch sie hindurch handelt!

● Auf der Zeichnung siehst du die wichtigsten Tunnels der Alpen. Suche sie auf deinem Atlas! Schreibe ihre Namen, ihre Länge, ihre Höhe und das Land, in dem sie liegen, in die Tabelle!

Name des Tunnels	Länge in km	Höhe in m	Name des Landes

● Suche die auf der Zeichnung eingetragenen Alpenpässe in deinem Atlas!
● Schreibe die Städte auf, die durch die großen Alpenstraßen miteinander verbunden werden!

Lyon-Turin, Lausanne-

● Setze die Namen von Pässen und Tunnels in den Lückentext richtig ein!

Von Lausanne nach Mailand fährt man über den _____ oder durch den _____. Von Salzburg nach Triest fährt man über den _____ und den _____ oder durch den _____ _____. Von München nach Verona fährt man über den _____. Von Lyon nach Turin fährt man über den _____ oder durch den _____. Von Zürich nach Mailand fährt man durch den _____.

Sommerurlaub im Hochgebirge

MALLNITZ 1190 m
Gesunde, preiswerte Ferien südlich der Hohen Tauern

Vor allem wegen der sehr schönen und reizvollen Tauerntal-Landschaft mit ihrem hohen Erholungswert kommen Jahr für Jahr erholungssuchende Gäste aus aller Herren Länder nach Mallnitz, Kärntens erstem heilklimatischen Höhenluftkurort.

Sportlich findet jeder etwas

Den Wanderer werden die vielen gut markierten Wege erfreuen und mit der Angkogel-Kabinenbahn erreichen Sie mühelos die schöne Hochgebirgslandschaft. An sportlichen Betätigungsmöglichkeiten mangelt es nicht: Hallenschwimmbad, Thermofreibecken, Sauna, Massage, Tennis, Minigolf, Kegel und vieles mehr. Abendliche Unterhaltung finden Sie in Tanzlokalen, Diskotheken und bei Heimatabenden. Unser Tip für Autofahrer: wenn Sie durch das Gasteinertal/Tauerntunnel anreisen, besorgen Sie sich vor Fahrtantritt beim Vermieter (Adresse auf der Reisebestätigung) eine Aufenthaltsbestätigung. Ersparnis: ca. DM 6,— je Fahrzeug.

Ungefähr 25 Millionen Europäer verbringen ihren Urlaub jedes Jahr in einem Hochgebirge, vor allem in den Alpen. Die Touristen kommen dabei das ganze Jahr über, wobei aber drei Viertel aller Übernachtungen in den Sommermonaten liegen. Die Urlauber erwartet dann meist: Natur, Sonne, frische Luft, Spaziergänge in den Bergen, gute, saubere Unterkünfte, viele Angebote an Sport-, Spiel- und Freizeitmöglichkeiten.

● Wie wirbt der Ort Mallnitz für sich? Schreibe es auf! _____
_____
_____

● Was können Urlauber in Mallnitz alles unternehmen? _____
_____
_____
_____

In den Reiseprospekten stehen neben den Beschreibungen der Orte die Preise der Hotels und Pensionen, die es in dem Ort gibt. Die Preise richten sich dabei nach der Ausstattung der Zimmer und der Reisezeit.

PENSION ALMRAUSCH						
	Halbpension Warmwasser	169	185	218	284
	Halbpension Dusche	173	190	224	332

REISETERMINE:	Mai	Juni	Juli	August	September
	6 13 20 27	3 10 17 24	1 8 15 22 29	5 12 19 26	2 9 16 23

(Preise für eine Woche pro Person bei Anreise mit dem Auto)

● Überlege, warum die Preise während der Sommerferien (Hauptsaison) höher sind als in der übrigen Zeit (Nebensaison). _____
_____
_____

Winterurlaub im Hochgebirge

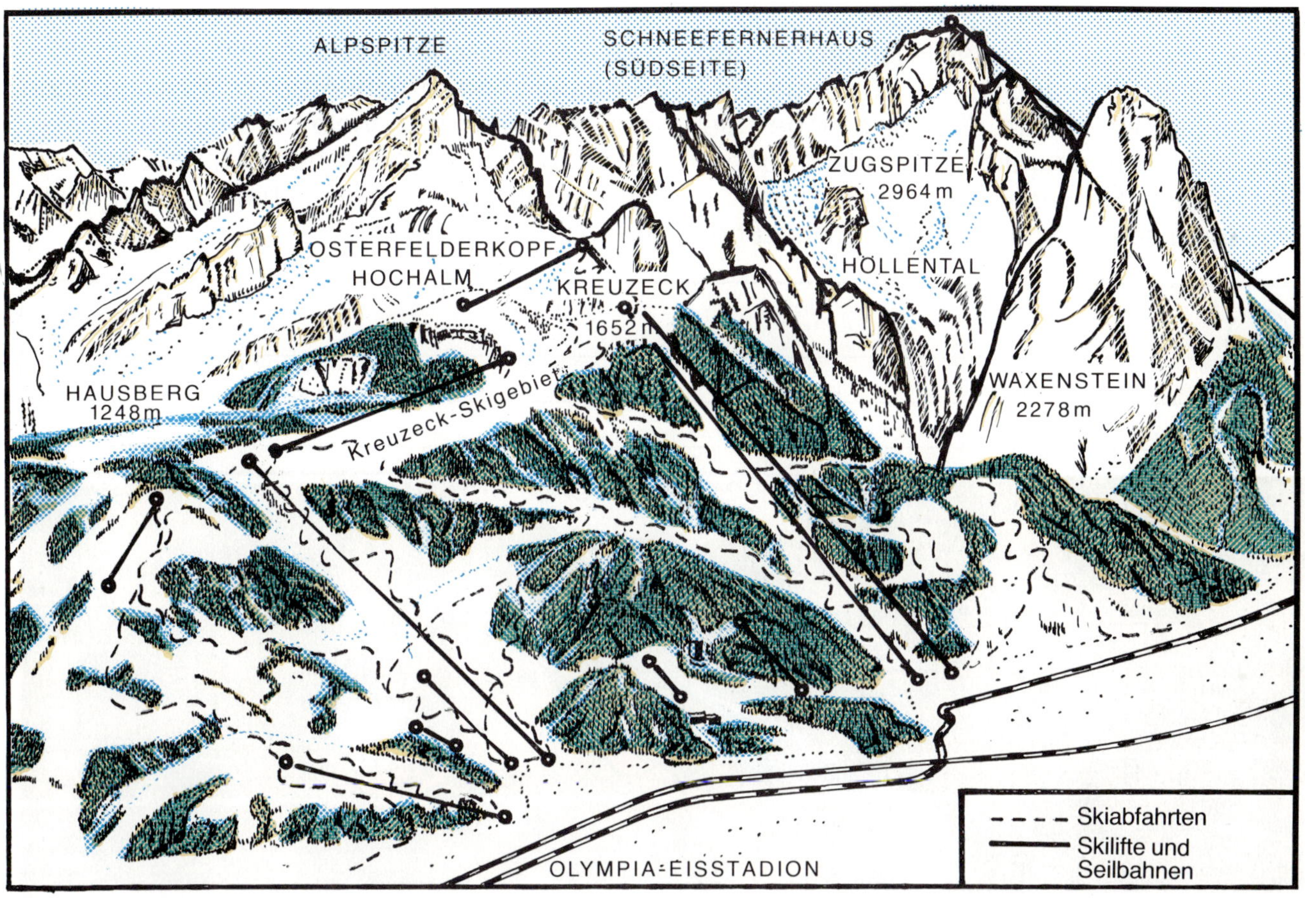

Auf der Skizze sieht man das Skigebiet von Garmisch-Partenkirchen in den deutschen Alpen. Auf die Hänge und Berge führen Skilifte und Seilbahnen, damit die Skifahrer es leichter haben, auf den Skiabfahrten ins Tal hinabzufahren.

● Überlege, warum gerade das Hochgebirge für das Skifahren besonders geeignet ist. Denke auch daran, daß bei ungefähr 1800 m die Waldgrenze ist! _____

In den Wintersportgebieten gibt es aber auch noch andere Sportarten. Einige sind auf den Bildern dargestellt!
● Schreibe unter jedes Bild die darauf abgebildete Sportart!

Zerstörung der Landschaft

Durch die vielen Touristen im Sommer und Winter ergeben sich für das Hochgebirge und dessen Bewohner auch große Probleme. Es werden Straßen gebaut, die viele schöne Täler zerschneiden und für die viele Wälder abgeholzt werden. Es werden große Hotels und Pensionen errichtet, die gar nicht in die Landschaft des Hochgebirges passen.
Die einheimische Bevölkerung hat durch den Fremdenverkehr mehr Arbeitsplätze und einen höheren Verdienst. Viele Bergbauern geben deshalb ihre Landwirtschaft auf. Die Almen werden nicht mehr bewirtschaftet. Sie verkümmern und versteppen.

① _____

▼ Bau von Straßen und Brücken ▼ Bau von Seilbahnen und Skiliften ▼ Bau von Hotels und Pensionen ▼ Bau von Restaurants und Geschäften ▼ Abholzung von Wäldern für Skihänge und Skilifts

② _____

● Ordne die folgenden Begriffe den beiden Bildern richtig zu, und schreibe sie in die Kästchen ① und ②: Ruhe; klares Wasser; Lärm; schöne, ursprüngliche Landschaft; Luftverschmutzung; große Hotels und Pensionen; vollständige Wälder; Müll; Lawinengefahr durch abgeholzte Wälder für Skihänge und Skilifte; dem Hochgebirge angepaßte Bebauung.

● Vergleiche die beiden Zeichnungen, und versuche, auf einem extra Blatt deine Eindrücke zu beschreiben. Überlege auch, wie die Hochgebirgslandschaft besser geschützt werden kann!

Das Allgäu

Wo liegt das Allgäu?

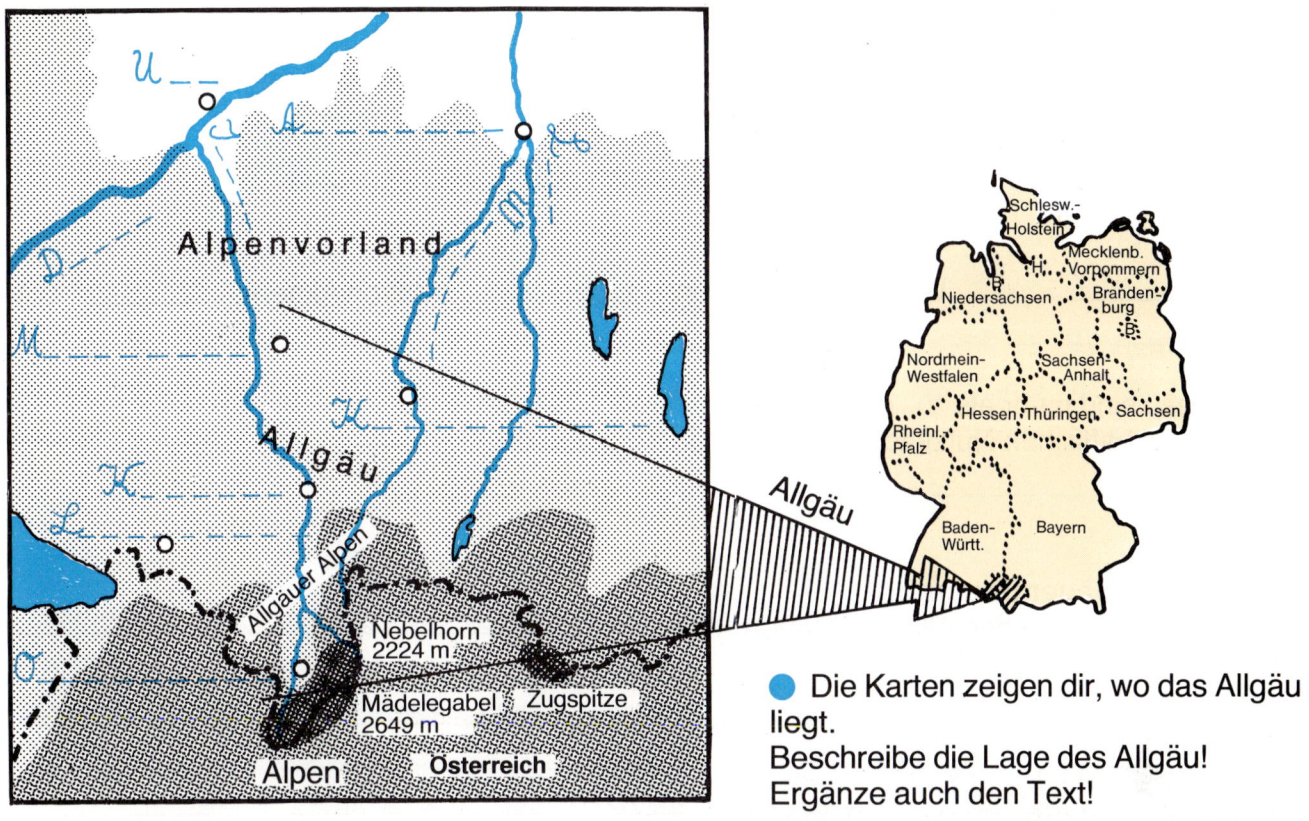

● Die Karten zeigen dir, wo das Allgäu liegt.
Beschreibe die Lage des Allgäu!
Ergänze auch den Text!

Das Allgäu liegt am Nordrand der A.....
Im Westen wird das Allgäu von einem See, dem B......, begrenzt.
Im Osten reicht es bis zu einem Fluß, dem L.....

● Nimm den Atlas zu Hilfe und löse folgende Aufgaben:
a) Benenne die Flüsse, Städte und Seen!
b) Male die Karte farbig aus! (Die Alpen dunkelbraun, das Alpenvorland hellbraun)
● Der höchste Berg der Allgäuer Alpen ist die _____, _____ m hoch.
Bekannter ist jedoch das 2224 m hohe _____ bei Oberstdorf,
ein beliebtes Ausflugsziel im Sommer und im Winter.

Wie hoch liegt das Allgäu?

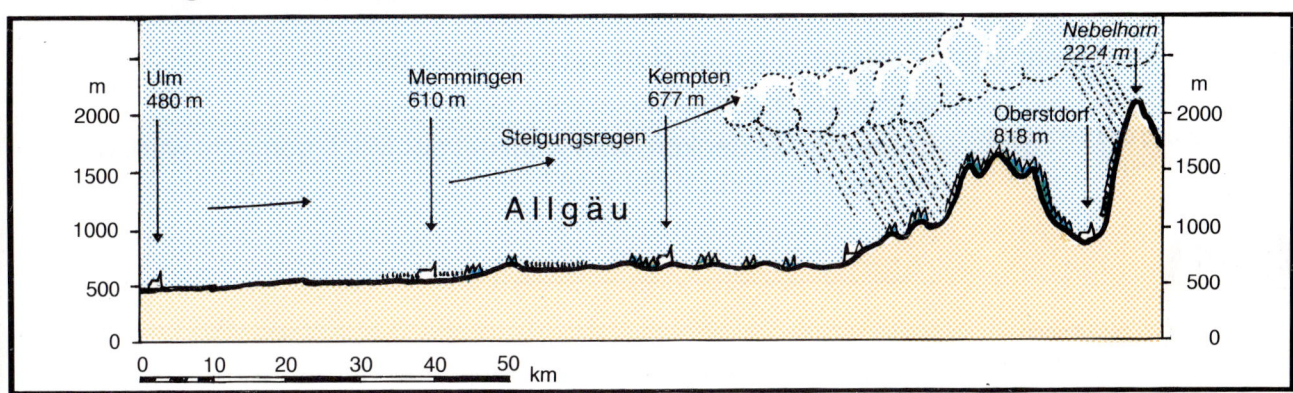

● Die Karte gibt dir Auskunft über die Höhenlage des Allgäu. Erzähle!

Auf einem Allgäuer Bauernhof

Wie die Allgäuer Bauern ihr Land nutzen
● Erkläre die grafische Darstellung! Füll die Übersicht aus!

| Ackerbau 7/100 | Wiesen und Weiden 93/100 | (davon Almen) 23/100 |

Ackerbau: _____ Wiesen und Weiden: _____ (davon Almen: _____)

> Im Allgäu sind mehr als 9/10 der landwirtschaftlichen Nutzfläche _____

Auf einem Allgäuer Bauernhof
● Betrachte das Bild des Allgäuer Bauernhofs und beschreibe es!
● Füll den Lückentext aus!

Bauernhaus im Allgäu (bei Oberstaufen)

Die Allgäuer Bauern wohnen meistens auf _____ oder in kleinen Dörfern. Darum liegen die _____ nahe beim Hof. Zu einem Hof gehören 15–30 _____. Jede Kuh gibt täglich ca. 15 Liter _____. Den _____ über weiden die Kühe auf den eingezäunten Grasflächen. Im _____ aber steht die Viehherde im Stall und braucht viel Futter. Darum mäht der Bauer das _____ ein bis zweimal im Jahr und läßt es trocknen. Das _____ bringt er in die Scheune beim Hof. Die Milch wird von der _____ abgeholt.

Lückenwörter: Einzelhöfen, Gras, Heu, Kühe, Milch, Molkerei, Sommer, Weiden, Winter

Im Allgäu wird mehr Milch erzeugt, als man dort verbrauchen kann

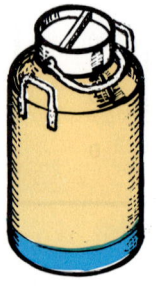

Milcherzeugung und Verbrauch im Allgäu

bleibt noch übrig

wird im Allgäu verbraucht

● Erkläre die nebenstehende Zeichnung!
Kannst du dir denken, was wohl mit der Milch gemacht wird, die im Allgäu nicht verbraucht wird?

Milchwirtschaft im Allgäu

Wie die Allgäuer Milch verwertet wird
• Beschreibe die Grafik und fasse zusammen!

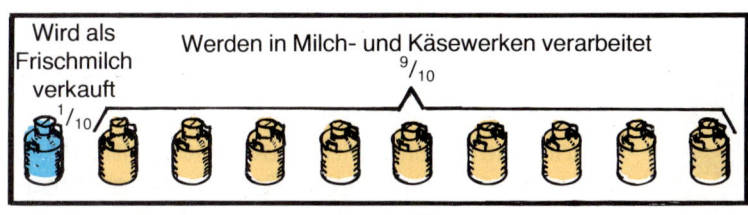
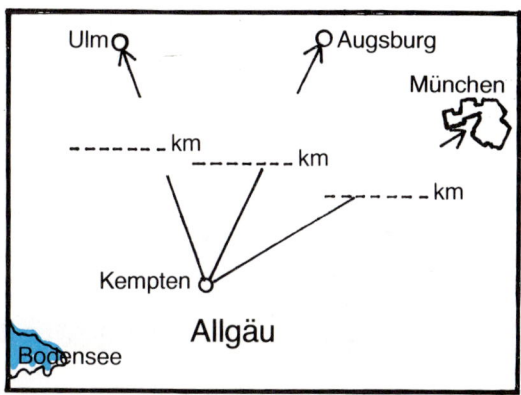

1/10 der Allgäuer Milch wird als Frischmilch verkauft.
9/10 der Allgäuer Milch werden in Milch- und Käsewerken verarbeitet.

Das Allgäu und die umliegenden großen Städte.

• Die Karte zeigt dir Städte, in die Allgäuer Frischmilch geliefert wird. Miß im Atlas die Luftlinie von Kempten und trage die Kilometer in die Karte ein!

Milchverarbeitung in Milch- und Käsewerken

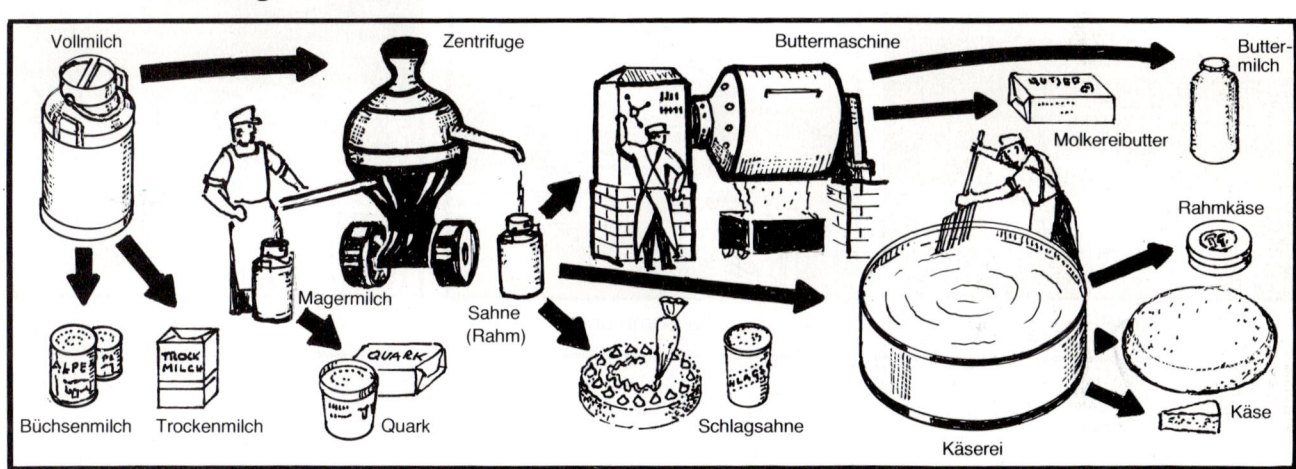

• Die Zeichnung erklärt dir, was aus Milch alles gemacht wird. Erzähle!
• Schreibe die Milchprodukte auf, die sich länger halten!

Das Allgäu ist die „Käseküche" Deutschlands
Die Hälfte des Käses, der in der Bundesrepublik hergestellt wird, kommt aus dem Allgäu.
• Stelle fest, woher der Käse stammt, den du in deinem Wohnort kaufen kannst?

Auf der Alm

Almhütte im Allgäu

● Schau dir das Bild an!
  Kannst du etwas darüber erzählen?

Weil es in den Bergen viel regnet, gibt es hoch oben im Gebirge noch fruchtbare Bergweiden. Solch eine Bergweide nennt man im Allgäu **Alp**, in Bayern heißt sie **Alm**.
Manchmal besitzt ein Bauer allein eine Alm. Oft haben sich mehrere Bauern zusammengeschlossen und schicken ihr Vieh gemeinsam auf eine Alm.

> Eine hochgelegene Bergweide nennt man
> im Allgäu _____
> in Bayern _____
> Es gibt Almen, die nur einem Bauern gehören und Gemeinschaftsalmen.

Almwirtschaft

Im Frühjahr

Im Sommer

Im Herbst

| Schneide die Klebekärtchen aus! | Lies die Texte genau durch! | Klebe zu jedem Bild das passende Kärtchen |

● Wenn du die Texte gut gelesen hast, kannst du leicht diese Fragen beantworten!

1) Wann wird das Vieh auf die Almen getrieben? _____
2) Wann kommt es wieder zurück ins Tal? _____
3) Warum geschieht der Viehauftrieb erst so spät im Frühjahr und der Abtrieb früh im Herbst?
   _____ _____
   _____

4) Welche Arbeiten müssen Senner und Sennerin auf der Alm verrichten? _____
   _____
   _____
   _____

Zuckerrübenanbau bei Braunschweig

Peter fährt in den Ferien auf einen Bauernhof in der Nähe von Braunschweig. Er ist enttäuscht, daß es hier fast nur Felder und keine Wiesen gibt. Er führt mit dem Bauern ein Gespräch:

Peter: „Warum gibt es hier so wenige Wiesen?"

Bauer: „Dazu ist der fruchtbare Boden viel zu schade. Darauf wächst etwas Besseres."

Peter: „Sie haben große Felder mit Rüben."

Bauer: „Ja, das sind Zuckerrüben. Die brauchen guten Boden und bringen viel Geld ein."

Peter: „Wird daraus Zucker gemacht?"

Bauer: „Natürlich, Junge! Deshalb heißen sie doch Zuckerrüben! Aus 6 Zentnern Rüben kann man 1 Zentner Zucker herstellen. Stell' Dir vor, 5 Rüben ergeben ca. 2 kg Zucker."

Peter ist erstaunt. Er möchte gern wissen, wie der Zucker gewonnen wird.

Bauer: „Ich zeig' Dir einmal eine Zuckerfabrik. In dieser Gegend gibt es viele."

Schon am nächsten Tag fahren sie hin.

Peter: „Da ist ja gar nichts los! Da wird ja gar nicht gearbeitet!"

Bauer: „Zuckerfabriken arbeiten nur während der Ernte und kurz danach. Zuckerrüben müssen sofort verarbeitet werden, sie verlieren sonst Zuckergehalt."

Peter: „Bringen Sie die Rüben sofort nach der Ernte zur Fabrik?"

Bauer: „Ja, ich habe einen Vertrag mit der Fabrik geschlossen. Ich liefere frische Rüben, und sie bezahlt mir einen guten Preis. Schade, daß Du im September nicht mehr hier bist! Da geht die Ernte los."

● Lest das Gespräch mit verteilten Rollen.

Du erhältst aus dem Gespräch viele Informationen über den Anbau von Zuckerrüben.
1. Wie der Boden beschaffen sein muß, auf dem sie wachsen.
2. Was aus den Zuckerrüben gewonnen wird.
3. Wann die Ernte der Zuckerrüben beginnt.
4. Weshalb die Zuckerrüben sofort verarbeitet werden müssen.
5. Wieviel Zentner Zuckerrüben man braucht, um 1 Zentner Zucker zu gewinnen.
● Schreibe zu jedem Punkt einen Satz auf ein besonderes Blatt.

Rübensämaschine

Der Anbau von Zuckerrüben erfordert viel Arbeit.

Rübenvollernter

Heute nehmen Maschinen dem Bauern einen Teil der Arbeit ab.

Fruchtbare Ackerbaugebiete

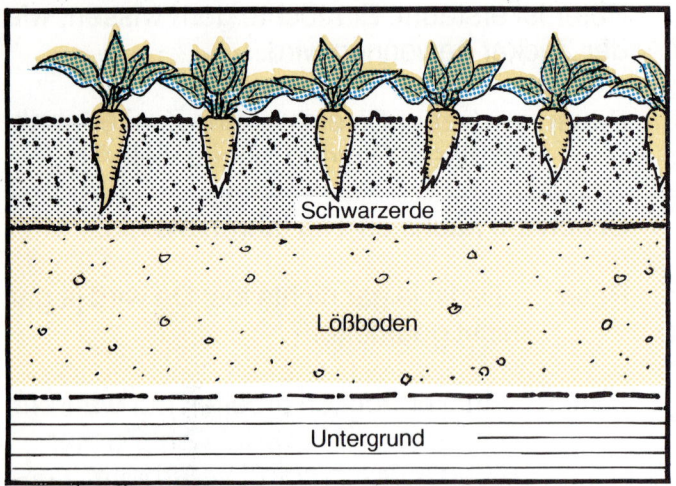

● Auf dem Ausschneidebogen findest du eine Erklärung über Lößböden. Schneide sie aus und klebe sie hier ein.
● Kreuze dann von den folgenden Sätzen die an, die du für richtig hältst.
● Streiche die falschen Sätze durch.
● Schreibe die richtigen Sätze auf ein besonderes Blatt.

Bodenschichten in der Börde

Lößboden ist trockener Sandboden. ○
Lößboden ist feiner Staub aus der Steinzeit. ○
Lößboden ist sehr fruchtbar. ○
Lößboden ist unfruchtbar. ○
Lößboden trocknet schnell aus. ○
Lößboden hält die Feuchtigkeit gut fest. ○
Lößboden mit abgestorbenen Pflanzenresten wurde zu Schwarzerde. ○
Schwarzerde ist unfruchtbarer steiniger Boden. ○

Dieses Gebiet zwischen Hannover und Magdeburg – zwischen Leine und Elbe – ist größtenteils fruchtbares Bördengebiet.

Auf Lößboden gedeiht fast alles.
● Zähle auf, was der Bauer hier alles anbauen könnte.
● Ordne es unter die Begriffe **Getreide** (z. B. Weizen), **Gemüse** (z. B. Kohl) und **Viehfutter** (z. B. Klee), und schreibe es auf ein besonderes Blatt.

● Vervollständige in der Karte die Namen der eingezeichneten Städte, Flüsse und Gebirge.

Wegen des hohen Gewinns bauen die Bauern der Bördengebiete vor allem Zuckerrüben und Weizen an.

● Suche im Atlas auch die Soester und die Leipziger Börde.

Verarbeitung und Verwertung der Zuckerrübe

In der Zuckerfabrik
werden die Zuckerrüben **gewaschen**, **geschnitzelt**, **ausgepreßt**, – der entstandene Dünnsaft **gekocht**, – der entstandene Dicksaft **verdampft**, **geschleudert**.
● Bilde zu jedem Vorgang einen Satz, und schreibe ihn auf ein besonderes Blatt.

In der Raffinerie
wird der entstandene braune Rohzucker gereinigt. Danach wird er zu verschiedenen Zuckersorten weiterverarbeitet.
● Schreibe auf ein Extrablatt verschiedene Zuckersorten, z. B. Puderzucker.

Die Abfälle aus der Zuckerfabrik kann der Bauer verwerten.

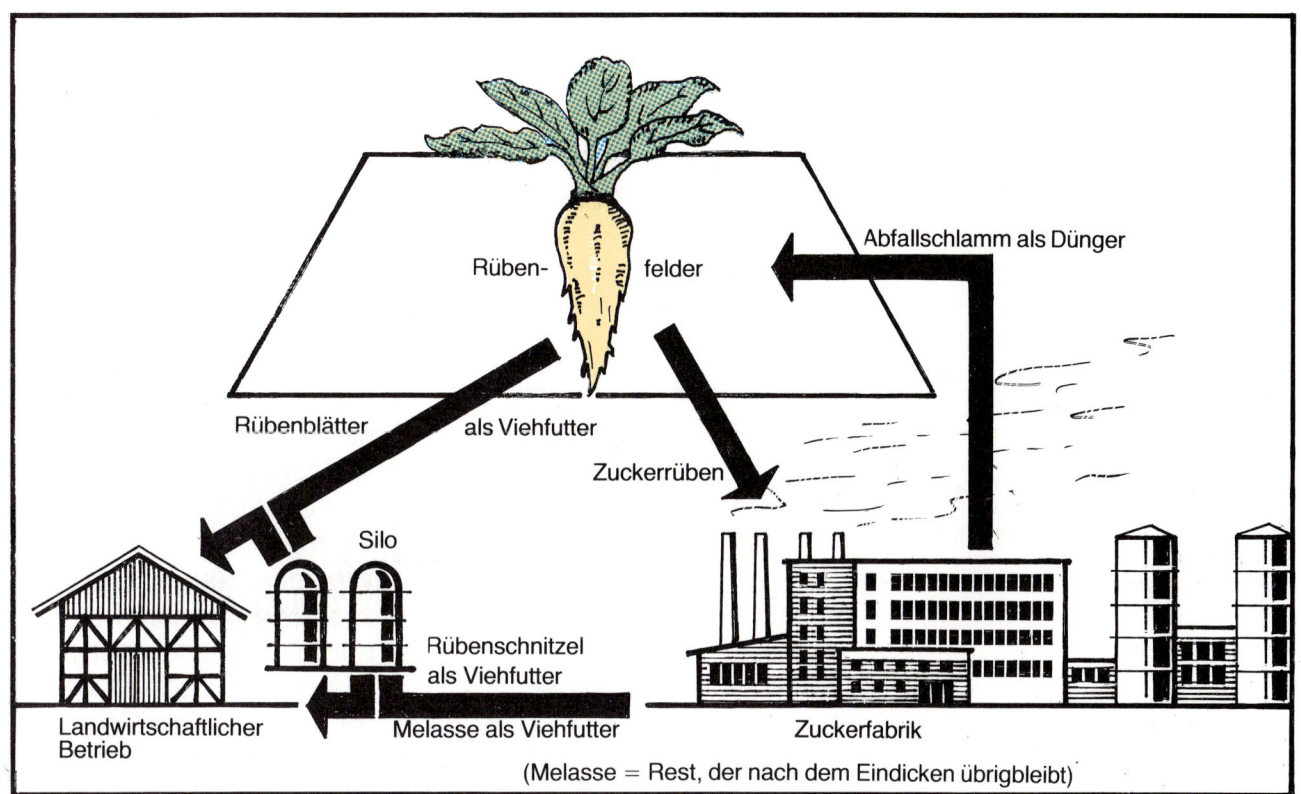

(Melasse = Rest, der nach dem Eindicken übrigbleibt)

● Betrachte das Bild, und versuche, es zu erklären.
  Die Bauern der Börde haben nur wenige Wiesen. Trotzdem halten sie viele Mastrinder und Milchkühe. Ihr Vieh steht das ganze Jahr über im Stall.
● Schreibe auf ein besonderes Blatt, womit die Tiere ernährt werden.
● Schlage im Lexikon nach, was ein „Silo" ist.

Im Anbaugebiet der Zuckerrüben werden verschiedene Produkte hergestellt:
1. Zucker
2. Süßwaren
3. Fleisch (z. B. Rindermast)
4. Molkereiprodukte (Haltung von Milchkühen)

Fabrik, in der der Zucker gereinigt wird: R
Zuckersorte: W
Dünger aus der Zuckerfabrik: A
Viehfutter aus der Zuckerfabrik: M
Molkereiprodukt: S

Das Lösungswort heißt: _____

33

Weizenanbau in der Börde

Peter fragt den Bauern: „Wenn die Zuckerrüben soviel Geld einbringen, warum bauen Sie dann auch Weizen an?"
Bauer: „Man soll die Felder nicht jedes Jahr gleich bestellen. Das entzieht dem Boden immer die gleichen Nährstoffe, und die Ernten werden immer schlechter."
Peter: „Dann bebauen Sie ein Feld in einem Jahr mit Zuckerrüben und im anderen mit Weizen?"
Bauer: „Richtig, Peter! Das nennt man Fruchtwechsel. Der Weizen erfordert auch guten Boden, bringt viel Geld ein, und die Weizenkleie (Abfall beim Mahlen des Weizens) ist ein wertvolles Viehfutter."

Durch das Gespräch erhältst du wieder viele Informationen.
1. Warum Fruchtwechsel erforderlich ist.
2. Was außer Zuckerrüben im Bördengebiet vor allem angebaut wird.
3. Wie der Boden beschaffen sein muß, auf dem Weizen wächst.
4. Wozu Weizenkleie verwertet wird.
● Schreibe zu jedem Punkt einen Satz auf ein Extrablatt.
● Zähle auf, was aus Weizen alles hergestellt wird.

In den Börden gibt es viele Großmühlen und Brotfabriken.

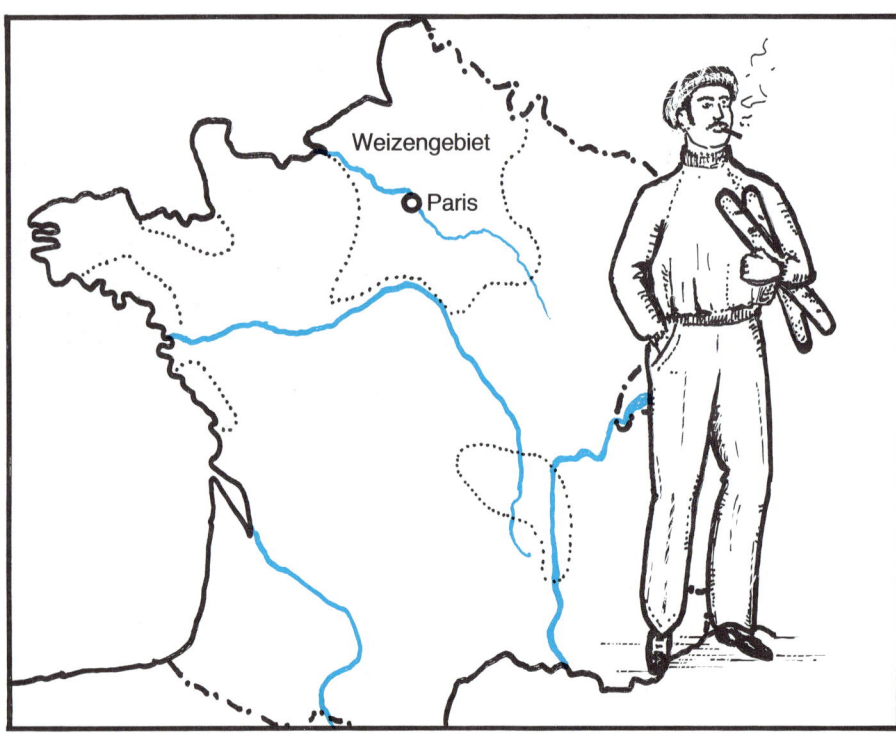

Erkennst du das nebenstehende Land?
● Schreibe den Namen des Landes über die Skizze. Es ist Europas größter Weizenerzeuger. Die französischen Bauern bauen auf ihren guten Böden mehr Weizen als Zuckerrüben an. Das hat zwei Gründe.
1. Die Franzosen verbrauchen viel Weizen. Sie essen zu jeder Mahlzeit Weißbrot (Baguette).
2. Die Franzosen können in den Ländern, die ihnen früher einmal gehörten, billig Zuckerrohr einkaufen.
● Informiere dich im Lexikon über Zuckerrohr.

● Zeige die französischen Weizengebiete auf der Landkarte.
● Male die Weizengebiete in der Skizze farbig aus.

Der Mähdrescher nimmt dem Bauern einen großen Teil der Arbeit ab: Mähen – Garben binden – aufstellen – aufladen – einfahren – dreschen.
● Bilde einige Sätze zur Getreideernte früher.
● Diskutiert mit eurem Lehrer darüber, ob sich der Einsatz so großer und teurer Maschinen lohnt.

Die Oberrheinebene

Die Oberrheinebene liegt im Südwesten Deutschlands. Sie wird von vielen Gebirgen umgeben.

Gebirge:

A) ...... B) ....

C) ...... D) .....

E) ...... F) ....

Flüsse: a) .....

b) ... e) ....

c) .... f) ....

d) ..... g) ....

Städte:

1) .... 2) ....

3) .... 4) ......

5) ...... 6) ......

7) .... 8) ......

die französischen Städte

9) .... 10) ....

und die Schweizer Stadt

11) .....

● Die Oberrheinebene ist ca. 30 km breit. Wie lang ist sie von Frankfurt bis Basel?

_____

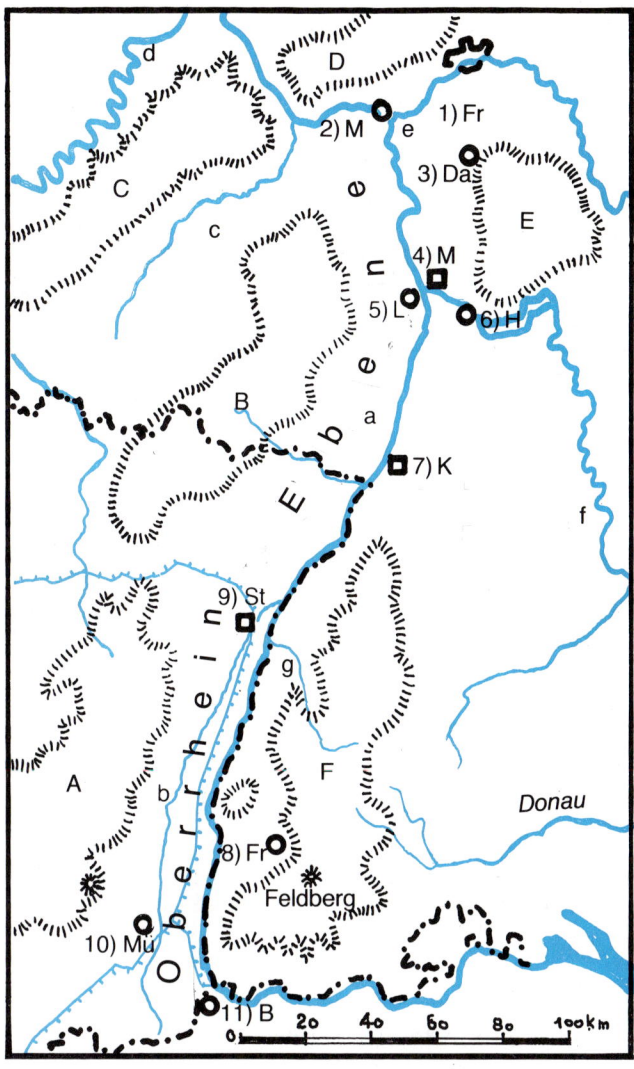

● Male die Gebirge braun, die Oberrheinebene gelb und die Städte rot!

Die Oberrheinebene ist ein Grabenbruch

● Die folgenden drei Bilder zeigen dir, wie die Oberrheinebene entstanden ist. Klebe dazu die Textkärtchen ein! Sie erklären dir die Bilder.

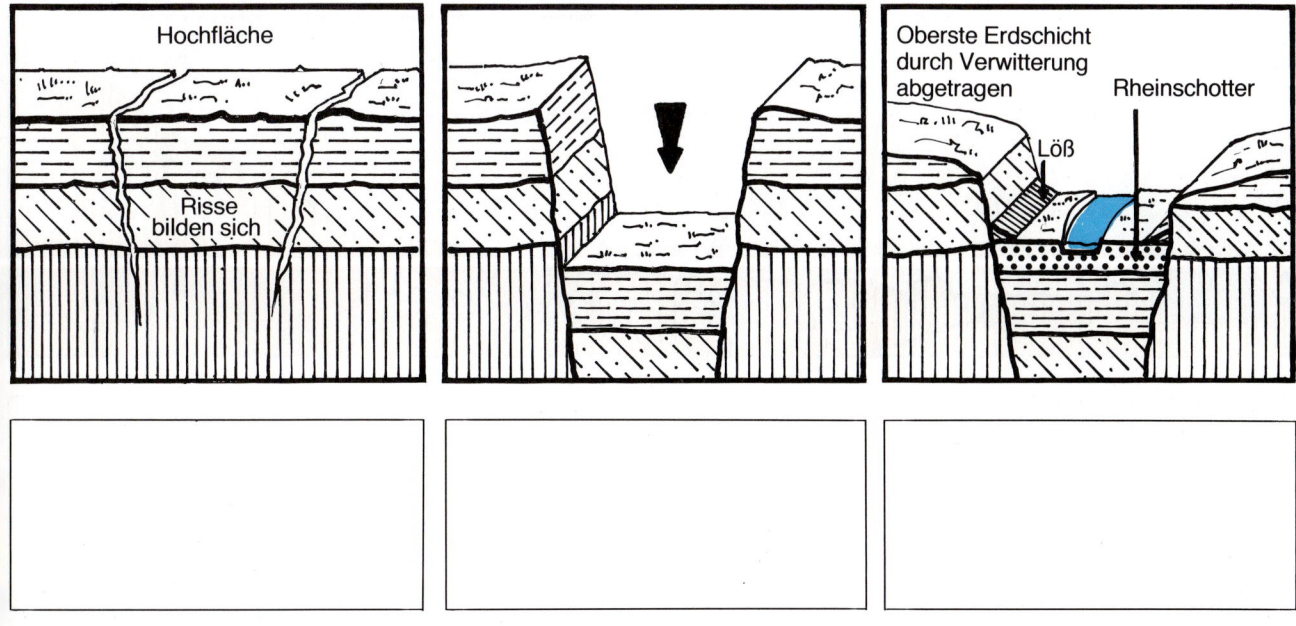

Die Oberrheinebene ist die wärmste Landschaft Deutschlands

Querschnitt durch die Oberrheinebene

Das Klima in der Oberrheinebene
● Schau dir die 2 Zeichnungen an! Findest du heraus, was sie darstellen sollen? Erkläre!
● Vergleiche die Niederschläge auf den Gebirgen und in der Oberrheinebene!

_____
_____
_____
_____
_____

● Was kannst du über die Temperaturen sagen?

_____
_____
_____
_____
_____

In der Oberrheinebene ist es sehr mild

Die _____ schützen die Oberrheinebene vor den kalten _____. Darum ist es hier auch _____ als in anderen Teilen Deutschlands. Auch der _____ hält hier früher seinen Einzug. Wenn es im März in vielen Teilen Deutschlands noch _____ und Schneeschauer gibt, blühen in der Oberrheinebene schon die ersten _____.

● Setze ein: Frühling, Nachtfröste, Obstbäume, Randgebirge, wärmer, Winden

Die Landschaftsgürtel am Oberrhein

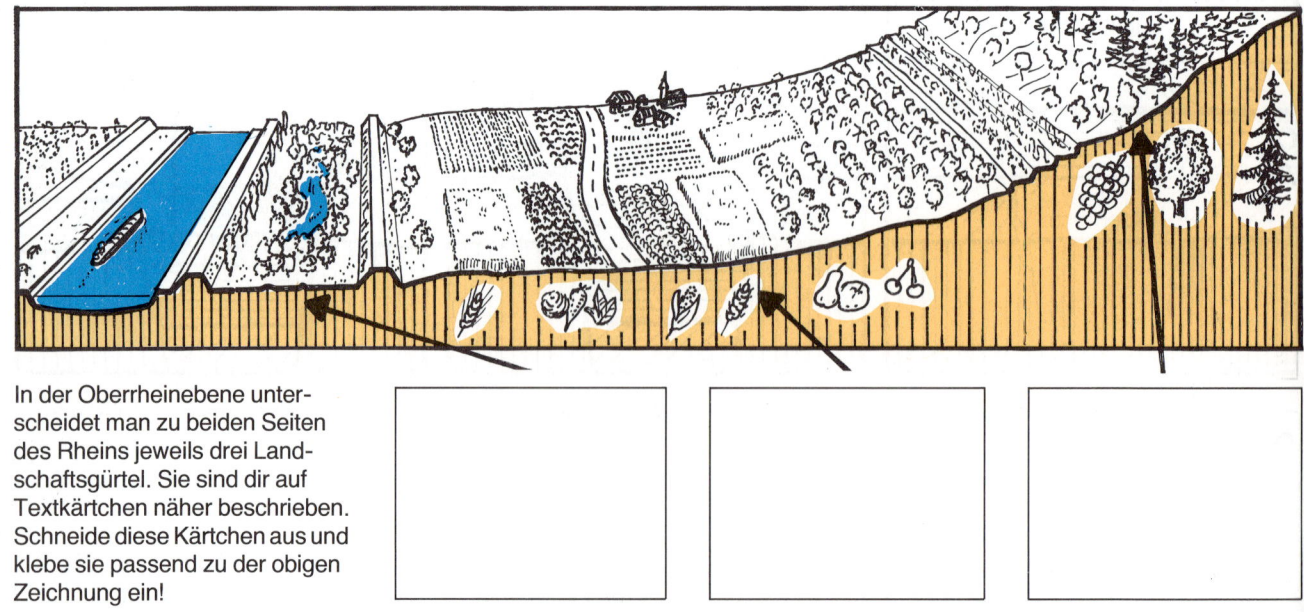

In der Oberrheinebene unterscheidet man zu beiden Seiten des Rheins jeweils drei Landschaftsgürtel. Sie sind dir auf Textkärtchen näher beschrieben. Schneide diese Kärtchen aus und klebe sie passend zu der obigen Zeichnung ein!

Das Land am Oberrhein ist ein Fruchtgarten

Weil das Klima in der Oberrheinebene so mild ist, können hier auch Pflanzen angebaut werden, die viel Wärme brauchen.
● Stelle zusammen, was alles in der Oberrheinebene wächst!

_____
_____
_____
_____

Kartenlegende: Wein, Obst und Gemüse, Weizen, Hopfen, Kirschen, Tabak, Zuckerrüben, Spargel, Pflaumen

Unter diesen landwirtschaftlichen Erzeugnissen gibt es einige Spezialitäten, die weithin bekannt sind. Es sind dies: Kirschen, Pflaumen, Tabak, Spargel.
● Ordne zu! Schau in der Karte nach!

_____ aus Schwetzingen
_____ aus Heidelberg
_____ aus Bühl
_____ aus der Pfalz

In der Oberrheinebene kann der Bauer 3 mal ernten

Bauer Meier erzählt:

> „Schon im Januar säe ich die frühen Gemüsesorten im Treibhaus aus, z. B. Kopfsalat. Die Setzlinge pflanze ich ins frisch gedüngte Freiland. Anfang Mai kann ich mit der Salaternte beginnen. Sobald der Kopfsalat abgeerntet und wieder gedüngt worden ist, wird Blumenkohl angebaut. Der wird dann ab Juli geerntet. Im Herbst pflanze ich als dritte Kultur Feldsalat. Er wird ab Oktober geerntet.
> Zwischendurch muß ich natürlich immer wieder das Unkraut und die Schädlinge bekämpfen."

Obst- und Gemüseanbau machen viel Arbeit

Soviel Arbeitsstunden sind für 1 ha notwendig beim Anbau von:			
Gartengemüse	5 000 Std.	Baumobst	1 000 Std.
Spargel	3 700 Std.	Weizen	40 Std.

Obst- und Gemüseanbau bringen viel Geld

Eine gleich große Fläche bringt beim Anbau von:			
Kohlrabi	9 000 DM	Äpfel	12 000 DM
Spargel	10 000 DM	Weizen	1 000 DM

● Lies, was Bauer Meier über seine Arbeit erzählt! Schreibe auf, wie er seine Felder nutzt!

_____
_____
_____
_____
_____
_____
_____

● Erkläre die nebenstehenden Zahlenübersichten!
● Vergleiche die Arbeitsstunden, die jeweils für 1 ha notwendig sind:

_____
_____
_____

● Der Bauer nimmt ein beim Anbau von
Äpfeln: _____ DM
Spargel: _____ DM
Kohlrabi: _____ DM
Weizen: _____ DM

Weinbau am Rhein und an seinen Nebenflüssen

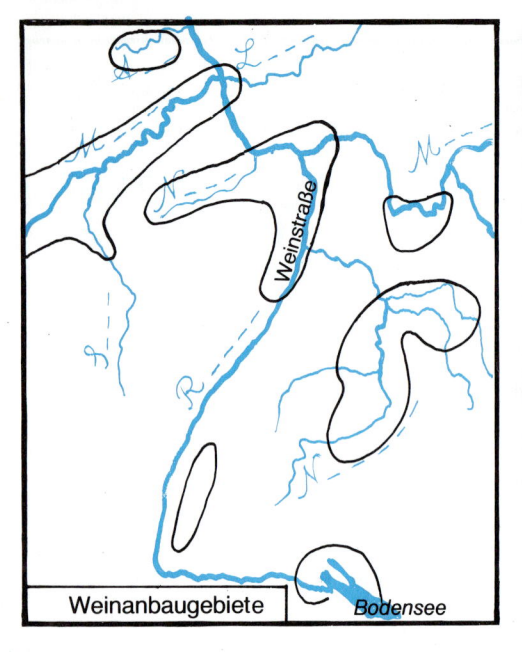

- Trage die Namen der Flüsse ein, an denen Weinbau betrieben wird.
  Male die Weinanbaugebiete farbig aus!

Vor 2000 Jahren brachten die Römer die Weinreben nach Deutschland. Seit dieser Zeit gibt es Weinbau am Rhein und seinen Nebenflüssen. Fast dreiviertel des deutschen Weinbaus betreibt man in der Oberrheinischen Tiefebene. An der Weinstraße wird der Wein in der Ebene angebaut. Besonders mühsam ist der Weinbau an Mosel, Rhein und Ahr. Hier müssen die Winzer Terrassen bauen und sie durch Stützmauern sichern. Der Wein braucht ein mildes Klima und viel Sonne. Der Anbau macht große Mühe. Die Weinstraße ist das größte zusammenhängende Weinbaugebiet Deutschlands. In der Bundesrepublik Deutschland leben 750 000 Menschen vom Weinbau.

Die Römer brachten

In der Oberrheinischen Tiefebene wird fast ____ betrieben

Der Weinbau ist besonders mühsam

Die Winzer müssen

Der Wein braucht

Das größte Weinbaugebiet Deutschlands ist

Das Arbeitsjahr der Weinbauern (Winzer)

Stecklinge setzen | Erde lockern | Rebstöcke spritzen | Wein lesen | Kelter auspressen | Fässer gären | Wein abfüllen

Schneide die Klebezettel, die zu dieser Seite gehören, aus!	Ordne sie den entsprechenden Bildern richtig zu!		Überlege genau!

- In den Geschäften gibt es viele Weinsorten zu kaufen. Schreibe einige auf ein Zusatzblatt! Vielleicht kannst du auch einige Weinetiketten bekommen. Klebe sie auch auf das Blatt!

Niederrheinisches Tiefland

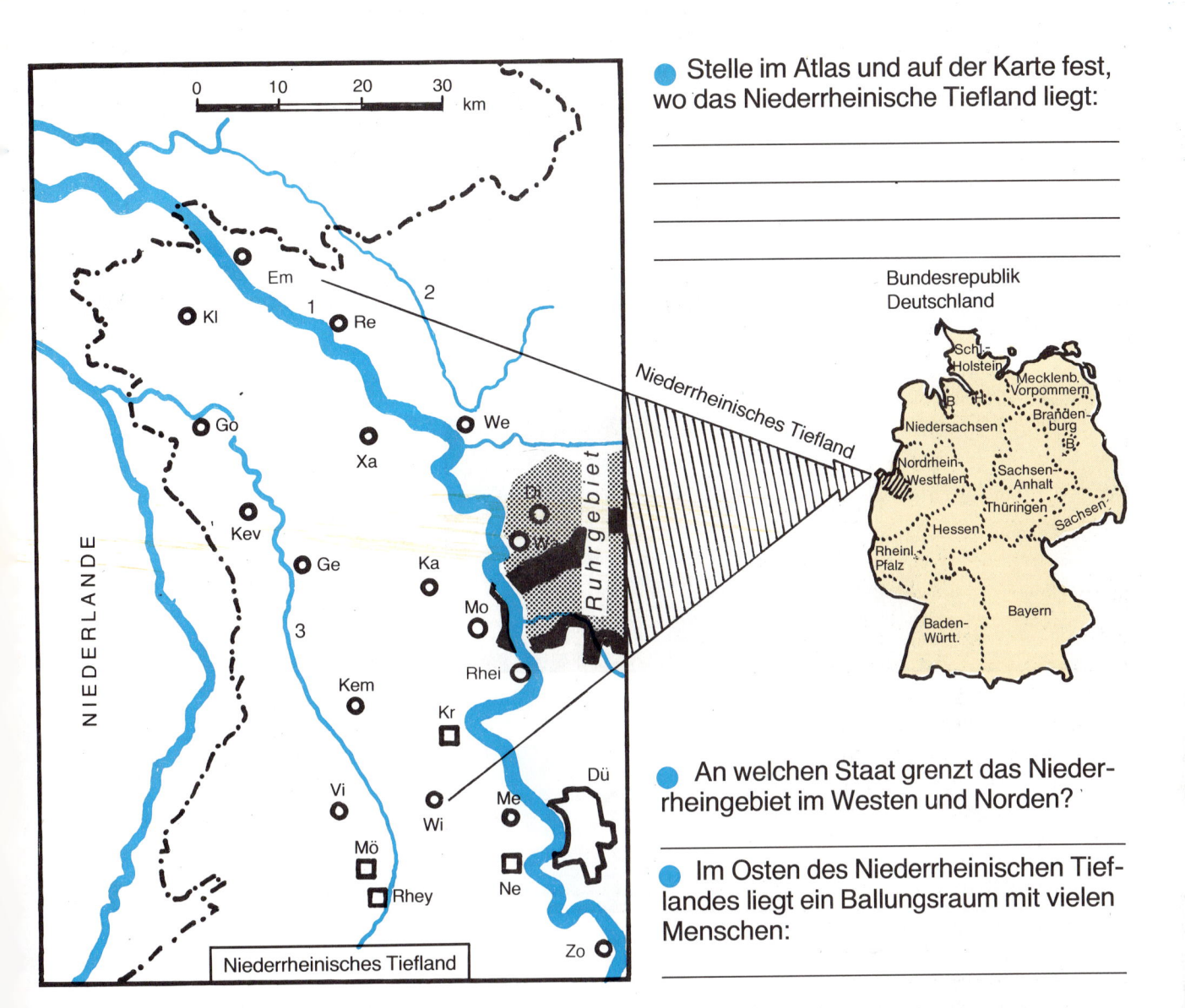

● Stelle im Atlas und auf der Karte fest, wo das Niederrheinische Tiefland liegt:

_____
_____
_____
_____

● An welchen Staat grenzt das Niederrheingebiet im Westen und Norden?

_____

● Im Osten des Niederrheinischen Tieflandes liegt ein Ballungsraum mit vielen Menschen:

_____

● Ziehe die Staatsgrenze rot nach!
Male die Städte rot und das Land grün aus!

Ergänze die Anfangsbuchstaben der Städte.

Em	Kl . . .	Kem . . .	Kr . . . . .
Re . .	We . . .	Vi	Wi . . . . .
Go . .	Xa	Dü	
Kev		Mö	
Di		Rhey . .	
Ge		Ne . .	Zo . .
Ka . . -		Me	
Wa	Mo . . .		
Rhei			

Schreibe die Namen der Flüsse auf (Ziffer 1 bis 3 auf der stummen Karte).

1 . . . . .
2 . . . . .
3 . . . . .

39

Landwirtschaft am Niederrhein

Wir befinden uns auf einer Landstraße im Niederrheingebiet. Durch hohe Baumreihen sehen wir auf eingehegte Wiesen; dort weidet das schwarz-weiße Niederungsvieh. In der Ferne blinkt dunkel das Wasser eines Altlaufes. Krüppelige Kopfweiden und schlanke Pappeln umsäumen das Ufer. Auf unserer Fahrt tauchen die flachen Glasbauten von Treibhäusern auf, in denen sich die Sonne widerspiegelt. Hier züchten die Bauern Frühgemüse und Blumen. Große Städte gibt es hier nicht, die Menschen leben in Dörfern oder kleinen Landstädten.

So sieht es vielfach am Niederrhein aus!
- Betrachte das Bild! Erzähle!
- Beschreibe die Zeichnung:

Acker   Gemüsefeld   Deich   Wiese   Rhein   Wiese   Deich   Acker

Bodennutzung in den Kreisen Geldern, Kleve, Moers, Rees (1980)

- Landwirtschaftlich genutzte Flächen (Äcker, Wiesen, Weiden)
- Wald (forstwirtschaftliche Nutzung)
- Industrieflächen, Gebäude
- Straßen, Wege, Eisenbahnen...

- Erzähle über die Bodennutzung in den Kreisen Geldern, Kleve, Moers und Rees! Trage auch die Prozentzahlen hier ein!

Bodenbebauung in Geldern, Kleve, Moers und Rees

Landw. genutzte Flächen: _____ %

Wald: _____ %

Industrie und Gebäude: _____ %

Straßen, Wege, Eisenb.: _____ %

Landwirtschaftliche Erzeugnisse vom Niederrhein

Setze ein! Äpfel – Birnen – Butter – Erdbeeren – Gurken – Johannisbeeren – Käse – Kohl – Milch – Pfirsiche – Pflaumen – Salat – Stachelbeeren – Weizen – Zuckerrüben

Treibhäuser am Niederrhein

Am Niederrhein haben sich viele Gemüsegärtner auf Gewächshauskulturen umgestellt und die Freilandbewirtschaftung teilweise aufgegeben.
Die Gemüsegärtner erzeugen nach holländischem Vorbild Frühgemüse und Schnittblumen in den Glashäusern. Wie es in solch einem Glashaus aussieht, wollen wir nun beim Besuch eines Gemüsegärtners erfahren.

Zu Besuch beim Gemüsegärtner Möller

Herr Möller zeigt den Schülern der Klasse 7 ein Gewächshaus. „Sie heißen **Treibhäuser**", weiß Peter, „weil hier alles schnell wächst." „Nicht nur das", sagt Herr Möller. Hier kann ich selbst im Winter Tomaten säen und Salat ernten. Die **Heizung** sorgt immer für die richtige Wärme und die **Sprühanlage** für genügend Feuchtigkeit.
Im Frühjahr, wenn die Sonne wärmer scheint, kann ich die Heizung abstellen. Die **Glasdächer** schützen ja die Pflanzen vor der Nachtkälte. Im Sommer, wenn es im Treibhaus zu warm und zu hell wird, kann man die **Lüftungsfenster** öffnen oder das Treibhaus mit **Jalousien** verdunkeln."

- Schreibe die Nummern in die Leerkreise des Bildes:
① Heizungsrohr, ② Sprühanlage, ③ Glasdach, ④ Lüftungsfenster, ⑤ Jalousien
- Erzähle, welche Arbeiten die Gärtner und Gehilfen im Treibhaus verrichten!
- Jetzt kannst du auch bestimmt den Lückentext ausfüllen!

Im Treibhaus kann das Wachstum gesteuert werden

Am schnellsten wachsen die Pflanzen im _____. Das Glashaus kann geheizt werden. Deshalb herrscht auch im Winter hier die richtige _____ für das Wachstum. Ist die Luft zu trocken, stellt der Gärtner die _____ an. Im Winter verlängert er durch künstliches _____ die kurzen Tage. Dadurch wachsen die _____ schneller. Im Gewächshaus erzeugt der _____ während des ganzen Jahres rote _____, blaue _____, Kopfsalat, Schlangengurken und viele andere Obst- und Gemüsesorten. Natürlich sind die _____, die künstliche Beregnung und das künstliche Licht sehr teuer. Aber die Hausfrauen sind gerne bereit, für frisches Treibhausgemüse mehr _____ zu bezahlen, wenn die Produkte draußen im Feld noch lange nicht reif sind.

Lückenwörter: Gärtner, Geld, Gewächshaus, Licht, Ölheizung, Pflanzen, Sprühanlage, Temperatur, Tomaten, Weintrauben.

Treibhausware ist teurer als Freilandware

In den beheizten Treibhäusern kann der Landwirt für seine Pflanzen das Wetter selbst bestimmen. Darum wachsen mitten im Winter Gurken, Tomaten, Kopfsalat und Blumen. Zu dieser Art von Anbau sind aber teure Einrichtungen notwendig.
- Schreibe auf, welche Einrichtungen gebraucht werden:

_____
_____
_____
_____

Dafür erzielt der Landwirt aber auch hohe Preise. Wenn im Freiland kein Gemüse oder keine Blumen mehr wachsen, kann der Landwirt seine Treibhausware anbieten. Bei Blumen kann er sogar fast auf den Tag bestimmen, wann sie blühen sollen. Das ist gerade bei Blumen wichtig. Denn an bestimmten Tagen im Jahr werden besonders viele Blumen benötigt.
- Schreibe auf, wann besonders viele Blumen im Jahr gebraucht werden!

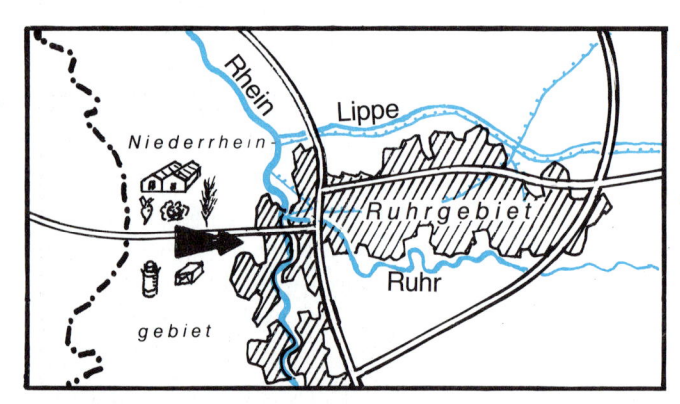

_____
_____
_____

Gemüsebauern und Gärtner brauchen Absatzmärkte

- Wie heißt der Hauptabsatzmarkt für die landwirtschaftlichen Erzeugnisse des Niederrheins?

- Gib Gründe dafür an!

_____
_____
_____
_____

Die Tabelle rechts gibt die Monatspreise für Kopfsalat, Tomaten und Kohlrabi in Nordrhein-Westfalen im Jahr 1980 an.
- In welchen Monaten sind die Gemüsearten am teuersten? Wieviel kosten sie dann?

_____
_____
_____
_____
_____
_____
_____

Erzeugerpreise in Nordrhein-Westfalen 1990 in DM
Freiland- und Treibhauspreise*

	Kopfsalat (100 Stck.)	Tomaten (dz)	Kohlrabi (100 Stck.)
Jan.	47,26*	—	—
Febr.	—	—	—
März	30,19*	—	88,25*
April	30,25	—	66,52
Mai	21,90	—	43,58
Juni	15,37	144,77*	25,39
Juli	27,11	158,15	34,98
Aug.	31,62	147,67	37,55
Sept.	15,79	120,69	32,59
Okt.	29,29	89,45	31,40
Nov.	49,12	148,77	42,29
Dez.	59,82*	—	29,07

- Gibt es in deinem Wohnort auch Gärtner, die Treibhäuser haben? Erkundige dich, was sie anbauen, frage auch nach dem Grund! Vielleicht kannst du auch etwas über die Preise erfahren!

Die Bundesrepublik Deutschland und ihre Nachbarn

Die Bilder zeigen Landschaften, die du kennengelernt hast.

● Trage ihre Nummern in die Skizze ein.

● Übertrage die Kennzeichen unserer Nachbarstaaten in die freien Felder.

(DK) (NL) (PL) (B) (CH)

(CS) (L) (A) (F)

● Schreibe die Namen der Nachbarstaaten auf.

_____

_____

● Zeige sie an der Landkarte.   ● Berichte, was du schon über sie weißt.

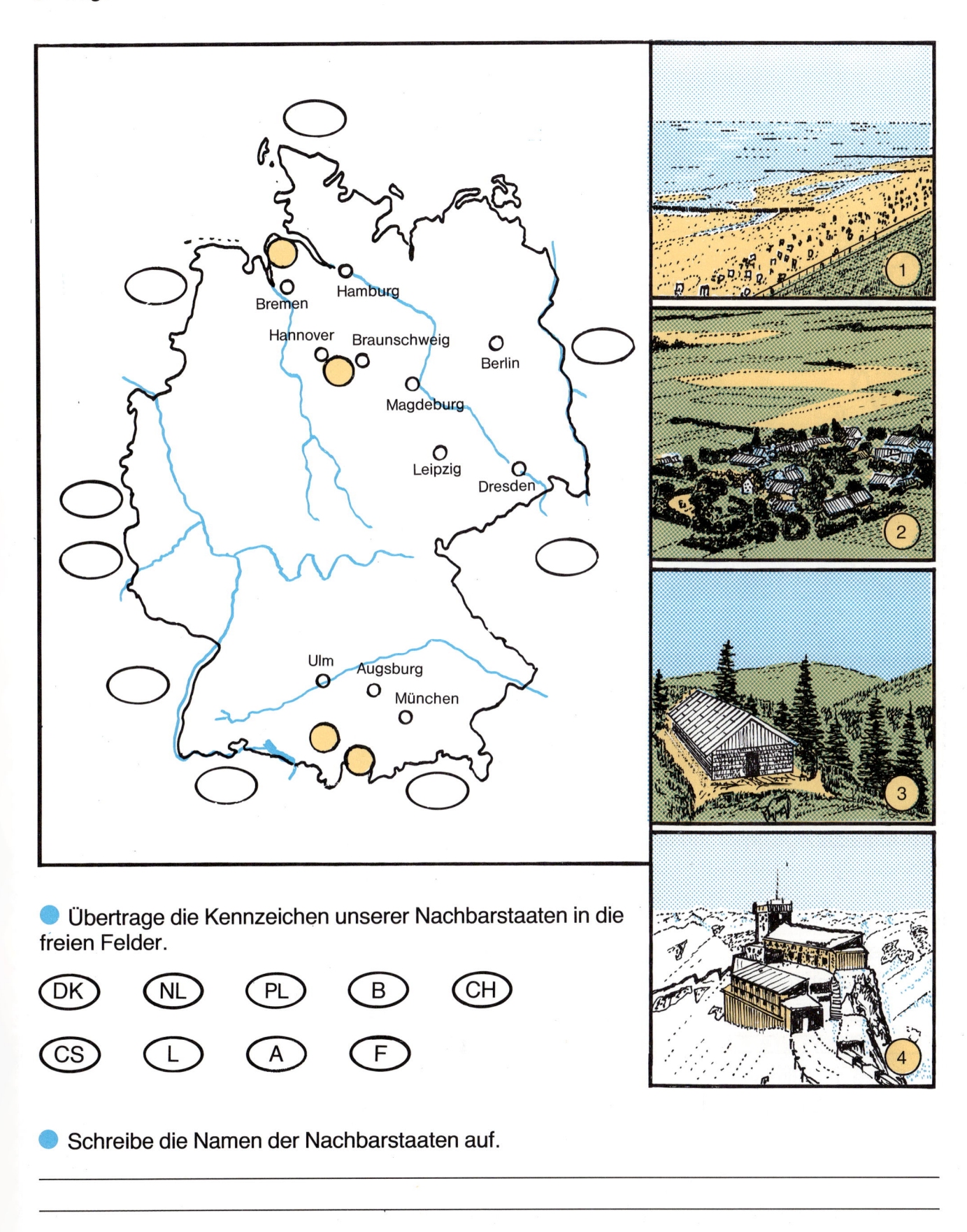

43

Landschaftsformen Mitteleuropas

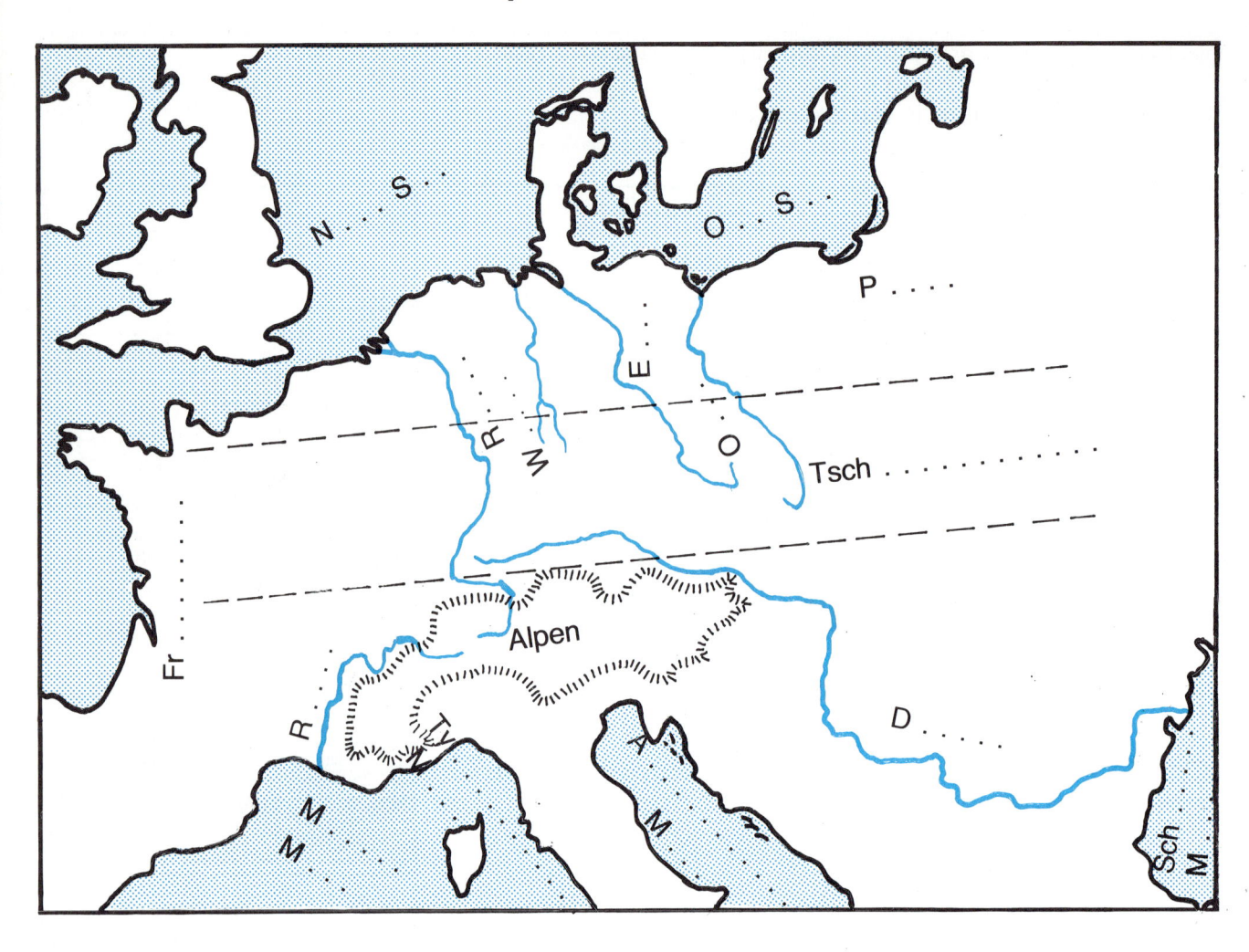

Mitteleuropa wird von Norden nach Süden immer höher.
Im Norden liegt eine große Tiefebene.
Sie geht in eine Landschaft der Mittelgebirge über.
Im Süden erhebt sich ein Hochgebirge, die Alpen.

N
↓
S

Tiefebene
Mittelgebirge
Hochgebirge

● Male in der Skizze die Tiefebene grün, das Mittelgebirge hellbraun und das Hochgebirge dunkelbraun aus.

● Vervollständige in der Skizze die Namen der Länder, Flüsse und Meere. Nimm den Atlas zu Hilfe.

Die Tiefebene zieht sich von Nordfrankreich bis _____.

Das Mittelgebirge zieht sich von Mittelfrankreich bis zur _____.

Das Hochgebirge liegt wie ein Riegel vor dem Tyrrhenischen Meer und dem _____.

● Setze mit Hilfe der Skizze die fehlenden Wörter ein.

● Schreibe die Namen der Flüsse auf, die von Süden nach Norden fließen: _____

● Schreibe den Namen des Flusses auf, der westlich der Alpen von Norden nach Süden fließt:
_____.

● Schreibe den Namen des Flusses auf, der nördlich der Alpen von Westen nach Osten fließt:
_____.

Die Heimatländer unserer Gastarbeiter

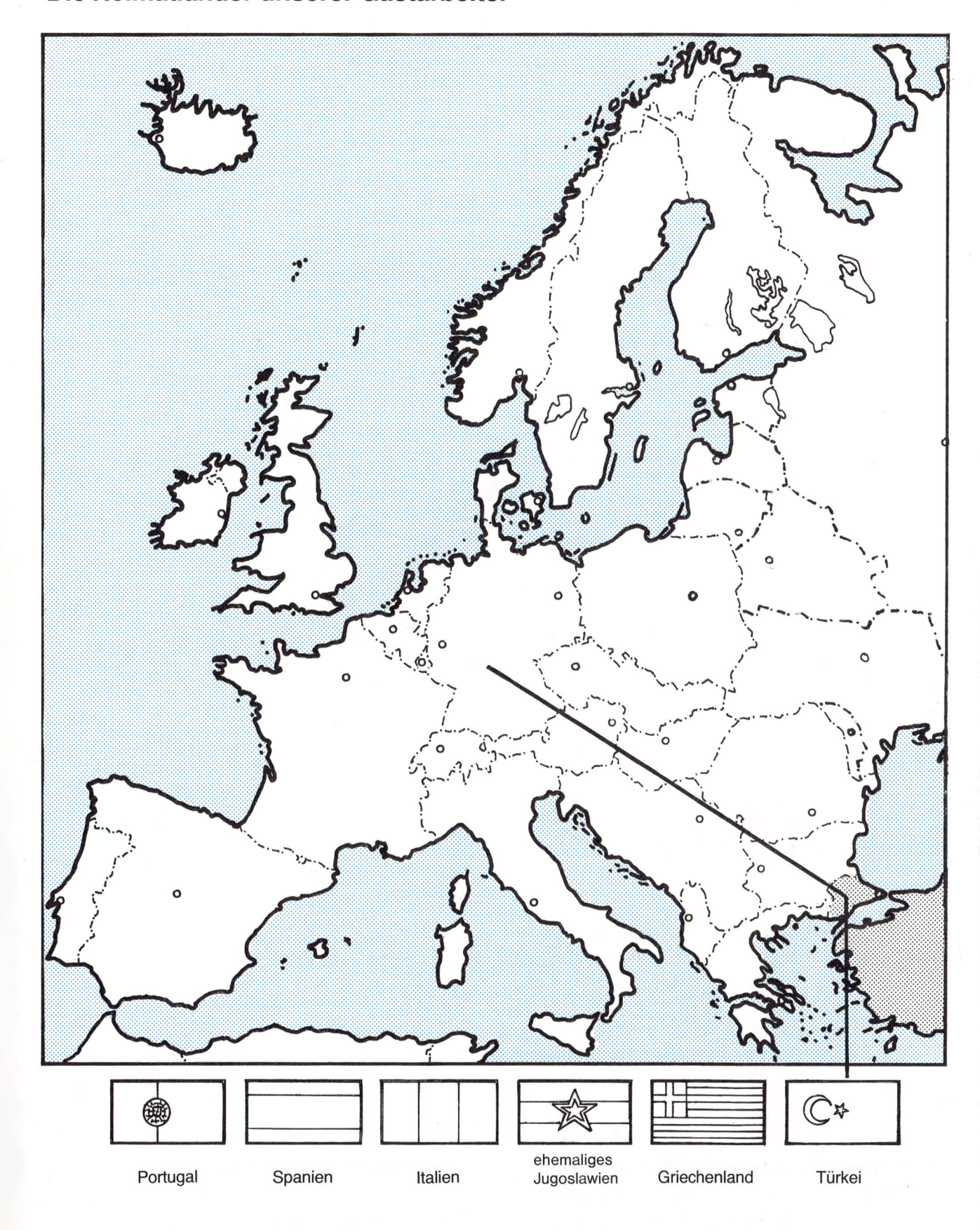

Portugal   Spanien   Italien   ehemaliges Jugoslawien   Griechenland   Türkei

● Male die Bundesrepublik farbig aus.
Hast du einen ausländischen Mitschüler?
● Male sein Heimatland auch farbig aus.
Bitte ihn, über seine Heimat zu erzählen. Aus vielen Ländern kamen Männer und Frauen in die Bundesrepublik, um hier zu arbeiten.

Die Flaggen einiger dieser Länder sind hier abgebildet.
● Male die Flaggen farbig aus.
● Verbinde die Flaggen mit den Ländern.
● Verbinde die Länder mit der Bundesrepublik.

45

Die Gestalt Europas

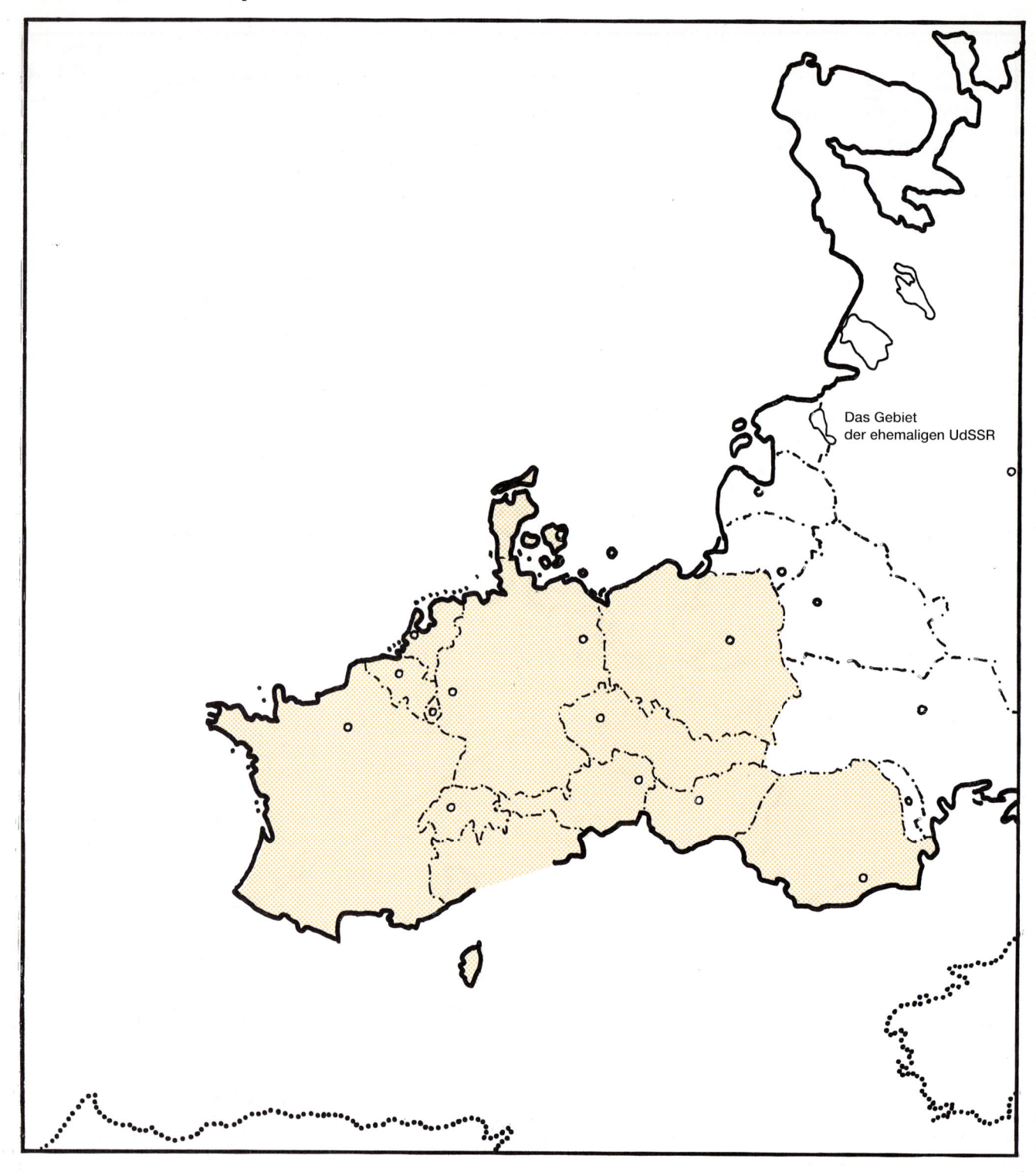

Das Gebiet der ehemaligen UdSSR

Im Norden und Süden läuft Europa in **Halbinseln** aus. Sie fehlen auf der Karte. Du findest sie auf dem Ausschneidebogen.
● Schneide sie aus, und klebe sie in die Karte ein. Nimm die Karte auf Seite 45 zu Hilfe.

Im Westen liegen einige **Inseln** vor dem Festland.
● Schneide sie auch aus, und klebe sie in der Karte an die richtige Stelle.
Im Osten ist Europa mit einem riesigen **Land** verbunden. Bis 1991 war das die UdSSR. Heute sind daraus mehrere unabhängige Staaten entstanden.

Bequeme Handelswege

Nur wenige Länder in Europa grenzen nicht an ein Meer. ● Schreibe sie auf.

_____
_____

● Trage in die Tabelle ein, welche Länder an folgende Meere grenzen.

Nordsee	Atlantik	Mittelmeer

● Nimm den Atlas und miß aus, wie weit dein Heimatort von diesen Meeren entfernt ist.

● Bitte deinen Lehrer, dir bei der Berechnung der Entfernung zu helfen.

Von meinem Heimatort bis zur Nordsee sind es ungefähr _____ km.
Von meinem Heimatort bis zum Atlantik sind es ungefähr _____ km.
Von meinem Heimatort bis zum Mittelmeer sind es ungefähr _____ km.

● Miß jetzt aus, wie groß die Entfernung von deinem Heimatort bis Moskau ist.

Von meinem Heimatort bis Moskau sind es ungefähr _____ km.

Die Meere sind bequeme und vor allem billige Verkehrs- und Handelswege. Die Bundesrepublik Deutschland treibt mit den Staaten an Nordsee, Atlantik und Mittelmeer regen Handel. Sie ist wirtschaftlich und politisch eng mit ihnen verbunden.

● Schlage im Atlas die Weltkarte auf. Zeige den Weg eines Schiffes von Hamburg nach New York. Auch früher waren die Meere wichtige Handelswege. Städte am Meer wurden zu reichen Handelsstädten. Viele Seefahrer suchten neue Seewege in fremde Länder.

● Informiere dich im Lexikon über Kolumbus.

● Betrachte das nebenstehende Bild. Es zeigt alte und moderne Schiffe.

● Schreibe unter die Schiffe, was sie übers Meer transportieren: Erz, Personen, Öl, Gewürze, Stückgut.

Europa und seine Staaten

Deutschland ①	Frankreich ②	Österreich ③
Auf dem Ausschneidebogen findest du Bilder von Sehenswürdigkeiten aus vielen europäischen Ländern. ● Schneide sie aus, und klebe sie in die entsprechenden Felder.		
Großbritannien ④	**Niederlande ⑤**	**Dänemark ⑥**
Tschechoslowakei ⑦	**Schweiz ⑧**	

Zu welchem Land gehören die Flaggen und die folgenden Städte?
Prag ◯, Wien ◯, Bern ◯, Kopenhagen ◯, Berlin ◯, London ◯, Paris ◯, Amsterdam ◯,
In welchem Land zahlt man mit Gulden ◯, Schilling ◯, Kronen ◯, Franc ◯.
● Schreibe die entsprechenden Zahlen in die Kreise.
Auf der Seite 45 findest du Flaggen einiger europäischer Staaten.
Einige fehlen noch. ● Male sie auf ein Extrablatt.

Ein Land in jeder Reihe paßt nicht dazu! ● Finde es heraus, und streiche es durch.
1. Zu Nordeuropa gehören: Dänemark, Norwegen, Belgien, Schweden, Finnland.
2. Zu Westeuropa gehören: Frankreich, Benelux-Staaten, Großbritannien, Irland, Griechenland.
3. Zu Osteuropa gehören: Bulgarien, Frankreich, Ungarn, Tschechoslowakei, Polen.
4. Zu Südeuropa gehören: Spanien, Dänemark, Italien, Jugoslawien, Griechenland.
5. Zu Mitteleuropa gehören: Bundesrepublik Deutschland,   Italien, Schweiz, Österreich.

Ausschneidebogen 1

zu Seite 5

2 Aufforstung, künstliche Düngung und Bewässerung schufen vielerorts ein ertragreiches Wald- und Wiesenland. In neuerer Zeit veränderten die Bohrtürme der Erdölfelder in der Nähe von Celle an der Aller die Landschaft noch mehr.

1 Als flacher, waldloser Küstensaum liegt sie in etwa 5-20 km Breite hinter den Deichen entlang der Nordseeküste. Auf dem Schwemmland der Flüsse und dem fruchtbaren Schlick des Meeres ist diese Landschaft entstanden.

2 Zahlreiche Gräben entwässern das Land, das an mehreren Stellen tiefer liegt als der Meeresspiegel. Auf den fetten Weiden grasen zahllose Rinder und machen das Gebiet zu einer der ersten Fleischkammern Deutschlands.

1 Dieses sumpfige Land bedeckt weite Flächen Nordwestdeutschlands zwischen der holländischen Grenze und der Elbe. Es besteht aus vielen Schichten abgestorbener Moorpflanzen, die sich im Laufe der Jahrtausende zu Torf verwandelten.

2 Durch Entwässerung, Abbau des Torfes und geeignete Bodenbearbeitung gewinnt man hier ständig neues Ackerland. Bei Wiesmoor (Emsland) entstanden die größten Gewächshäuser Deutschlands, die ein Torf-Großkraftwerk mit Wärme versorgt.

1 Sandiger Boden, einzelne Birken, Heidekraut und weidende Schafe kennzeichneten einst dieses trockene, unfruchtbare Land. Diese Landschaftsform ist heute nur noch im Naturschutzgebiet um den Wilseder Berg westlich von Lüneburg erhalten.

zu Seite 18

Gefährlich ist das hernniederfallende Gestein. Zur Vorbeugung schlägt man im Frühjahr die lockeren Steine ab. Weiterhin wurden Mauern und Schwellwände errichtet, welche die Steine vor den Verkehrswegen abfangen.

Nach Gewittern stürzen oft reißende Wassermassen zu Tal. Sie bringen Geröll und Schlamm mit und gefährden die Verkehrswege. Pfahlwände und Mauern brechen die Kraft des Wassers und halten den Schutt auf.

Schutzwälle, Mauern und Erdterrassen sollen das Abrutschen des Schnees verhindern. Verkehrswege, die besonders gefährdet sind, hat man mit Galerien überdeckt. Der abgleitende Schnee rutscht dann darüber hinweg.

zu Seite 30

Im Oktober beginnt der Almabtrieb. Mit bunten Blumen geschmückt kommt das Vieh von den Bergen herunter ins Tal. Allen voran zieht die Leitkuh. Sie trägt ein breites Lederband mit einer großen Glocke, die weithin zu hören ist. Das ganze Dorf ist auf den Belnen, um die glückliche Rückkehr der Tiere zu feiern.

Mit dem Vieh sind der Senne oder die Sennerin auf die Alm gezogen. Sie müssen sich den ganzen Sommer über täglich um das Vieh kümmern. Die Kühe werden jeden Morgen gemolken und aus dem Rahm der Milch wird Butter gemacht. In einem großen Kupferkessel wird die Milch erhitzt und zu Käse verarbeitet.

Wenn Mitte Mai der letzte Schnee oberhalb der Baumgrenze geschmolzen ist, treibt der Bauer mit der ganzen Familie das Vieh auf die Almen. Alles Jungvieh und fast alle Milchkühe machen den beschwerlichen Weg hoch hinauf auf die Bergwiesen. Dort bleibt das Vieh den ganzen Sommer über.

zu Seite 36

Zu beiden Seiten des 200 m breiten begradigten Stromes stehen Pappeln, Ufergebüsch und dichter Auenwald. Feste Dämme schützen gegen das Hochwasser. Mit Schilf umsäumte Tümpel sind Reste des alten Strombettes.

Auf den terrassenförmig ansteigenden Stufen der Vorberge stehen Obstbäume. Darüber wachsen die Weinreben, und noch höher oben beginnt auf kargem Boden der Bergwald.

Fruchtbares Schwemmland bedeckt die Ebene zwischen den Dämmen und dem Gebirgsrand. Am Bergrand liegt der fruchtbarste Boden, der Löß. Auf kleinen Feldern gedeihen Weizen, Roggen, Mais, Tabak und Gemüse.

zu Seite 32

Vor vielen tausend Jahren herrschte bei uns die Eiszeit. Riesige Gletscher kamen aus dem Norden. Sie schoben Steine, Schutt, Sand und Lehm vor sich her. Die starken Stürme bliesen den Sand, Lehm und Staub nach Süden. Der ganz feine Staub wurde am weitesten getragen. Der Wind wurde erst von den Mittelgebirgen gebremst. Hier fiel der Staub nieder. In vielen tausend Jahren wurde die Staubschicht meterdick. Diese feine Schicht ist kalkhaltig. Sie hält die Feuchtigkeit gut fest. Sie ist sehr fruchtbar. Man nennt diesen Boden **Lößboden**. Im Laufe der Zeit hat sich die obere Schicht mit abgestorbenen Pflanzenresten (Humus) vermischt. So wurde aus dem gelben Lößboden die besonders fruchtbare **Schwarzerde**. Lößbodengebiete nennt man **Börden**.

Vor langer, langer Zeit bildeten die heutigen Randgebirge des Oberrheins eine durchgehende Hochfläche. Damals gab es noch keinen Oberrheingraben. Es gab auch noch keinen Rhein.

zu Seite 15

Laubwald Dient vor allem als Grundlage der Holzwirtschaft.

Saftig grüne Wiesen Weide- und einige Ackerflächen im Tal.

Grüne Matten (Almen) Weideflächen für Kühe und Rinder.

Felsen und Geröll Ein unwegsames, pflanzenloses Gebiet.

Nadelwald Geht in höheren Lagen allmählich in dichtes Gestrüpp über.

Schneegrenze Ab hier taut der Schnee nicht mehr.

zu Seite 35

In dieser Zeit war die Erde noch nicht so erkaltet wie heute. Die glühenden Massen im Erdinnern bewegten die Erdkruste ständig. So brach ein großer Teil dieser Hochfläche zum heutigen Oberrheingraben ein.

Jetzt bahnte sich ein Fluß, der Rhein, seinen Weg durch diesen Graben. Er füllte im Laufe von vielen tausend Jahren diesen Graben mit Schlamm und Schotter an. Der Wind wehte fruchtbaren Löß an den Fuß der Randgebirge.

Ausschneidebogen 2

zu Seite 38

| Der Wein lagert zum „Reifen" in großen Fässern im Keller. Der gereifte Wein wird auf Flaschen abgefüllt, mit Etiketten versehen, verpackt und gelangt dann zum Versand. | Die Ernte (Weinlese) beginnt. Die Trauben werden ausgepreßt und gekeltert, d. h. man trennt den Most von den festen Bestandteilen. Bald beginnt der Traubensaft zu gären. | Der Boden, der nach jedem Regen hart wird, muß immer wieder durchgehackt werden. Rebstöcke, Blätter und Blüten werden bestäubt und besprizt, um alle Schädlinge zu vernichten. | Zuerst werden die Stecklinge gesetzt. Der Boden wird dann gelockert und gedüngt. Die Rebstöcke werden geschnitten und die jungen Triebe angebunden. |

zu Seite 46

Skandinavien-Halbinsel, Balkan-Halbinsel, Britische Insel, Irland, Island, Pyrenäen-Halbinsel, Apenninen-Halbinsel

zu Seite 48

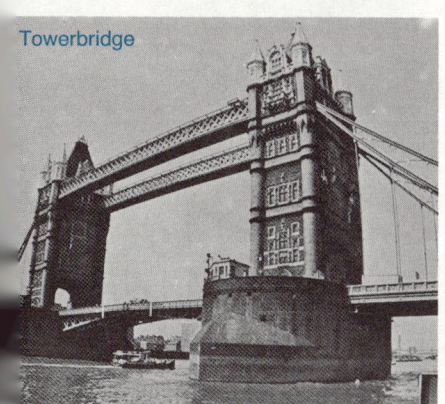

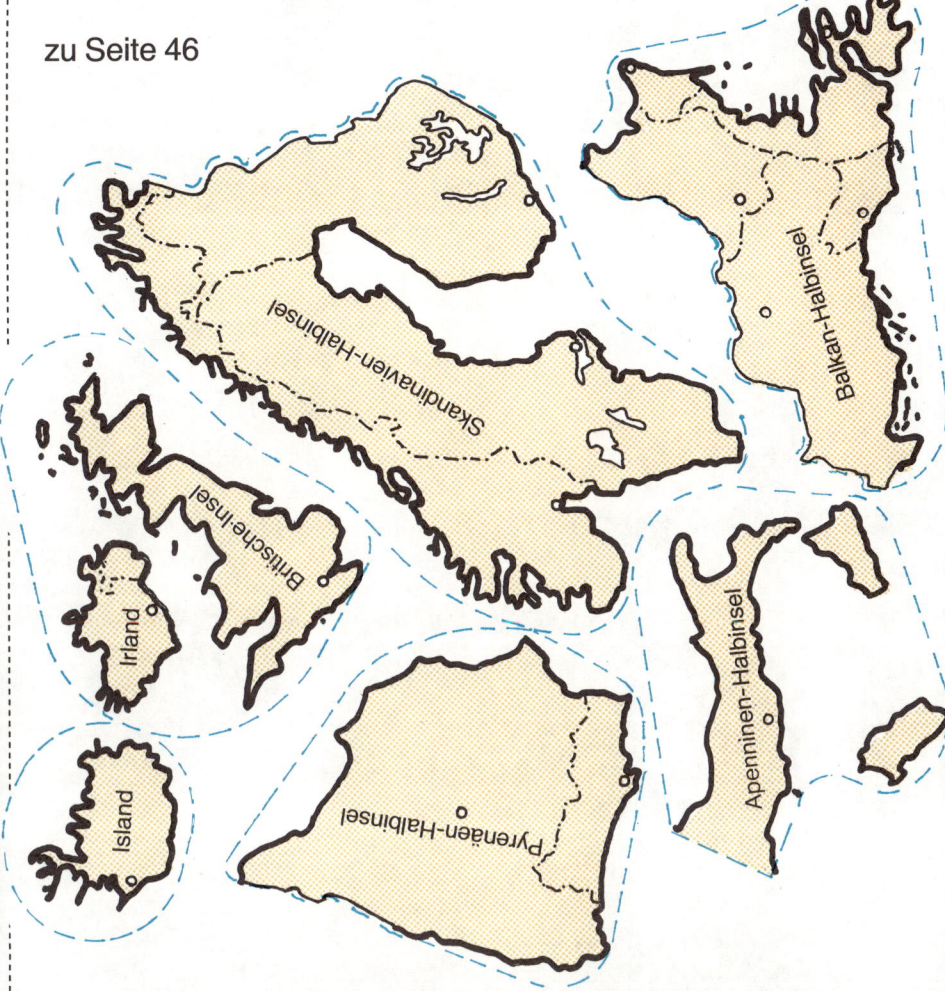

Eiffelturm

Towerbridge

Tulpenfeld

Prater

Brandenburger Tor

Hradschin mit Moldaubrücke

Säntis

Meerjungfrau